Camilo Cruz

Die innere Schweinekuh

Camilo Cruz

Die innere Schweinekuh

Ohne Ausreden zum Erfolg
So entfalten Sie Ihr wahres Potenzial

Aus dem Englischen von Marion Zerbst

ARISTON

Die Originalausgabe dieses Buches erschien 2009 unter dem Titel *Once Upon a Cow* bei Perigee Trade.

Mix
Produktgruppe aus vorbildlich bewirtschafteten Wäldern und anderen kontrollierten Herkünften
www.fsc.org Zert.-Nr. SGS-COC-001940
© 1996 Forest Stewardship Council

Verlagsgruppe Random House FSC-DEU-0100
Das für dieses Buch verwendete FSC-zertifizierte Papier *Super Snowbright* liefert Hellefoss AS, Hokksund, Norwegen.

Bibliografische Information der Deutschen Bibliothek

Die Deutsche Bibliothek verzeichnet diese Publikation in der Deutschen Nationalbibliografie; detaillierte bibliografische Daten sind im Internet unter http://dnb.ddb.de abrufbar.

Aus dem Amerikanischen von Marion Zerbst

Umschlaggestaltung: Werbeagentur ZERO
unter Verwendung eines Motivs von FinePic, München
Satz: EDV-Fotosatz Huber/Verlagsservice G. Pfeifer, Germering
Druck und Bindung: GGP Media GmbH, Pößneck
Printed in Germany 2010

ISBN 978-3-424-20028-7

Inhalt

Vorwort

Ich schreibe seit über 30 Jahren Bücher zum Thema Erfolg. Was ist Erfolg eigentlich? Was muss man tun, um erfolgreich zu sein? Warum gelingt manchen Menschen scheinbar mühelos fast alles, während andere trotz jahrelanger harter Arbeit in ihrem Leben irgendwie nie vorwärtskommen?

Durch meine Erfahrungen mit Tausenden von Zuhörern und Seminarteilnehmern weltweit habe ich gelernt, dass erfolgreiche Menschen mindestens eine Eigenschaft miteinander gemeinsam haben: Sie suchen niemals nach Ausreden, um ihre Situation zu erklären, und beklagen sich auch nie darüber, dass ihr Leben nicht so läuft, wie es eigentlich sollte. Erfolgreiche Menschen nehmen ihr Schicksal einfach in die Hand und *handeln*. Natürlich haben auch sie nicht immer auf Anhieb Erfolg, aber ein echter Gewinnertyp gibt niemals auf. Und wenn er wirklich einmal ins Stolpern gerät, rappelt er sich sofort wieder auf und versucht es von Neuem.

Zwar möchten die meisten Menschen etwas Großes erreichen, aber leider geben wir uns nur allzu oft mit dem Zweitbesten zufrieden. Jeder will das Beste aus seinem Leben machen, und doch schaffen viele es am Ende nur, gerade so zu überleben. Die meisten Leute arrangieren sich im Lauf der Zeit mit diesem Mittelmaß und gewöhnen sich daran. Doch irgendwann fällt ihnen auf, dass all die wunderbaren Dinge, die das Leben zu bieten hat, an ihnen vorbeigezogen sind – aber dann ist es vielleicht schon zu spät. Ich habe daraus Folgendes gelernt: Der allererste Schritt auf dem Weg zu großen Erfolgen besteht darin, sämtliche faulen Ausreden über Bord zu werfen, die uns davon abhalten, das zu verwirklichen, was in uns steckt.

Viele gute Ratgeber zu persönlichem Wachstum und beruflicher Weiterentwicklung zeigen anhand von Bildern oder kleinen Geschichten, wie wichtig bestimmte Ideen oder Einstellungen für den Erfolg sind. Dieses Buch will Ihnen anhand der Geschichte von einer Kuh verdeutlichen, wie negativ Ihr Leben verlaufen kann, wenn Sie sich immer nur von bequemen Ausreden leiten lassen. Die Kuh in dieser Geschichte ist in meinen Augen eines der besten Symbole dafür, wie man das Mittelmaß ein für alle Mal aus seinem Leben verbannen kann, denn sie steht für sämtliche Ausreden, dumme Angewohnheiten oder verlogene Rechtfertigungen, die uns davon abhalten, ein erfülltes Leben zu führen. Sie alle kennen den inneren Schweinehund, der normalerweise genau diese »Aufgabe« in unserem Leben übernimmt und uns zurückhält und einschränkt. Da dieser innere Widerstand in unserer Geschichte von einer Kuh verkörpert wird, bezeichnen wir sie als unsere »innere Schweinekuh«. Sie müssen wir überwinden und aus unserem Denken verbannen, um unser wahres Potenzial entfalten zu können.

Diese kurzweilige Geschichte wird Sie ganz bestimmt in ihren Bann ziehen und dazu motivieren, alle Ausreden über Bord zu werfen oder, wie Dr. Camilo Cruz es ausdrückt, »Ihre Kühe zu schlachten«.

In Wirklichkeit schleppen wir nämlich alle viel mehr »Kühe« mit uns herum, als wir uns eingestehen möchten. Die meisten Leute greifen zu allen möglichen Rechtfertigungen, um sich selbst und ihre Mitmenschen davon zu überzeugen, dass ihre Situation doch eigentlich gar nicht so schlecht ist, wie sie aussieht. Und wir haben auch eine ganze Reihe von Ausflüchten und Erklärungen dafür parat, warum wir die Dinge, die wir eigentlich tun sollten, irgendwie nie zu Ende bringen.

Dieses Buch gibt uns eine klare Vorstellung davon, was wir alles erreichen können, wenn wir uns endlich entschließen, den Vorwänden und falschen Vorstellungen, die unser Leben einschränken, Lebewohl zu sagen und unsere innere Schweinekuh zu überwinden. Es liefert Schritt-für-Schritt-Anleitungen zu einem Leben, in dem alle Träume wahr werden können.

Das Buch von Dr. Camilo Cruz wird einen Beitrag zur Veränderung der Welt leisten. Es vermittelt seinen Lesern Weisheit, brillante Ideen und Erkenntnisse, die sich sofort in die Praxis umsetzen lassen. Sie können gleich heute beginnen, Camilos Strategien anzuwenden, die Ihr Leben für immer verändern werden.

Ich hoffe, Sie nehmen diese Herausforderung an und sind von jetzt an nicht mehr bereit, sich mit weniger zufriedenzugeben, als Sie eigentlich verdienen. Ich bin überzeugt davon, dass Ihnen die Lektüre dieses Buches genauso viel Freude machen wird wie mir. Lassen Sie sich nicht die Chance entgehen, ein Leben jenseits allen Mittelmaßes zu führen – offen für all die wunderbaren Dinge, die man als Mensch mit großen Träumen erreichen kann!

Mark Victor Hansen
Co-Autor der Reihe *Hühnersuppe für die Seele*

Dieses Buch widme ich meiner wunderbaren Frau Shirley. Mit ihrer bedingungslosen Liebe und Unterstützung hat sie mir alles ermöglicht, was ich in meinem Leben erreicht habe. Außerdem ist das Buch meinen drei tollen Söhnen Richard, Mark und Daniel gewidmet. Von allen Titeln und Berufsbezeichnungen, die man mir im Lauf meines Lebens verliehen hat (unter anderem Professor, Unternehmer, Wissenschaftler und Buchautor), war die Bezeichnung »Vater« mir stets am allerliebsten.

Einführung

»Die innere Schweinekuh *ist ein hervorragendes Buch – für andere Leute.« Genau das dachte ich, bis ich bei meiner Lektüre zu den »Kühen« kam, in denen ich mich selbst wiedererkannte. Ich bin ein kompetenter, ziemlich erfolgreicher, fast schon zwanghaft gut organisierter Mensch. Ich brauche keine Ausreden. Bisher konnte ich mich und andere Leute immer sehr gut davon überzeugen, dass meine »Gründe«, bestimmte Dinge nicht zu tun, absolut logisch und plausibel sind. Doch als ich dieses Buch las, wurde mir klar, dass hinter diesen Gründen fast ausnahmslos irgendeine »Kuh« steckt. Und hinter all diesen scheinbar so intelligenten Kühen lauert die nackte Angst. Inzwischen weiß ich, dass ich mich in den Entscheidungen, die ich im Leben treffe, nicht von meinen Ängsten leiten lassen will. Wenn ich mich jetzt bei einer Ausrede ertappe, schaue ich sofort genauer hin, und wenn sich dahinter eine Angst verbirgt, weiß ich, dass ich diesem Hindernis ins Auge sehen muss – und zwar sofort!*

– Margaret Miller, Dayton (Ohio)

Genau wie Maler und Komponisten sich ihre Inspirationen aus der Natur und ihrer näheren Umgebung holen, lassen Autoren – vor allem solche, die sich mit dem Thema persönliches Wachstum beschäftigen – sich von ihren Kontakten mit anderen Menschen inspirieren.

Ich habe einmal einen ganzen Vortrag auf der Basis eines einzigen Zitats von Albert Einstein entwickelt, das ich von einem Leser in einer meiner Signierstunden gehört hatte. Solche kleinen Inspirationen sind wie Katalysatoren, die meine Kreativität anregen. Manchmal brauche ich nur ein einziges Wort oder eine einzige Idee, und schon nimmt ein ganzes Kapitel in meinem Kopf Gestalt an.

Wenn die Leute hören, dass ich darüber schreibe, wie man sich persönlich weiterentwickelt, berichten sie mir oft von Büchern oder Autoren, die sie berührt oder inspiriert haben. Andere erzählen mir ihre Lieblingsgeschichten, Anekdoten oder Erfahrungen, die besonders wichtig für sie waren. All das ist für mich stets eine unendliche Inspirationsquelle für neue Ideen, die ich bei meiner Arbeit verwerten kann.

Die folgende Geschichte über eine scheinbar ganz banale Kuh hörte ich vor ein paar Jahren auf einem Flug von New York nach Buenos Aires. Sie wurde mir von einer netten Dame erzählt, die neben mir saß. Diese Nachtflüge starten normalerweise gegen sieben Uhr abends in New York. Man ist also gegen Mitternacht mit dem Abendessen und Dessert fertig, hat den ersten Film gesehen und noch viele lange Stunden vor sich.

Wenn man nicht schlafen kann (was bei mir leider oft der Fall ist), bleibt einem in einer solchen Situation nur eine einzige Hoffnung: mit dem Sitznachbarn ins Gespräch zu kommen. Also sprach ich meine Nachbarin an, und bald unterhielten wir uns angeregt über unsere Berufe, unsere Familien und unsere Reisen. Nach dem unvermeidlichen Austausch von Visitenkarten kamen wir auf unsere beruflichen Karrieren und Interessen zu sprechen.

Und so hörte ich beim Flug über Südamerika im Morgengrauen zum ersten Mal diese ganz banale und doch äußerst lehrreiche Geschichte von der Kuh. Seitdem habe ich verschiedenste Versionen der Geschichte kennengelernt. Natürlich ist das, was Sie hier lesen, meine eigene Sichtweise der Ereignisse. Und wie in der Erklärung am Ende jedes guten Kriminalromans ist auch in diesem Buch jede Ähnlichkeit mit tatsächlich existierenden Personen oder Ereignissen rein zufällig – wenn auch vielleicht durchaus beabsichtigt.

Seltsamerweise dauerte diese Geschichte, als ich sie zum ersten Mal in einem meiner Seminare erzählte, nicht länger als zwei bis drei Minuten. Aber mir fiel auf, dass sie von Mal zu Mal länger wurde – wie eine von diesen Fernsehserien, in denen immer wieder neue Charaktere auftauchen, von denen wir etwas lernen oder aus deren Verhalten wir neue Erkenntnisse gewinnen können. Manchmal entwickelten sich sogar Parallelhandlungen, und die Geschichte wurde dadurch noch farbiger und dramatischer, als ich es mir je hätte träumen lassen.

Im Lauf der Zeit habe ich diese Geschichte sicherlich Hunderttausenden von Menschen auf der ganzen Welt erzählt. Eines Tages bat mich ein Seminarteilnehmer, sie ihm zu mailen. Er wollte sie an seine Mitarbeiter weitergeben.

Ich glaube, ich habe damals über zwei Stunden gebraucht, um meine inzwischen stark erweiterte Version in Worte zu fassen – mit allen Feinheiten und Lektionen, die ich mittlerweile daraus gelernt hatte. Ich konnte nicht einfach nur schnell eine Zusammenfassung dieser lehrreichen Geschichte heruntertippen. Also beschloss ich, die tragische Parabel von der Kuh ein für alle Mal zu Papier zu bringen – und zwar in voller Länge.

So ist dieses Buch entstanden.

Voller Begeisterung machte ich mich auf die Suche nach den vielen Chancen und Herausforderungen, die diese symbolträchtige Geschichte in sich birgt. Da ich unbedingt die Meinung meiner Leser dazu erfahren und damit nicht warten wollte, bis das Buch gedruckt war, beschloss ich, die erste Ausgabe auf Spanisch als E-Book zu publizieren. Auf diese Weise, so dachte ich, würde ich am schnellsten Feedback von meinen Lesern bekommen. Und die Resultate verblüfften selbst mich: Innerhalb von ein paar Monaten hatten über 250 000 Leute in über 100 Ländern das Buch heruntergeladen.

Aber natürlich war es nicht meine Absicht gewesen, die Menschen nur zum Downloaden meines Buches zu motivieren. Ich wollte, dass sie es auch wirklich *lasen*! Also ging ich noch einen Schritt weiter und schickte meinen Lesern eine E-Mail. Darin fragte ich sie aber nicht, ob sie das Buch gelesen hätten, denn meiner Erfahrung nach beantworten Leute diese Frage immer mit »Ja«, auch wenn sie in Wirklichkeit nur den Buchtitel überflogen haben. Stattdessen fragte ich meine Leser, ob sie sich denn inzwischen schon von einigen ihrer »Kühe« befreit hätten. Wahrscheinlich wissen Sie im Augenblick noch nicht, was damit gemeint ist, aber Sie werden es bald erfahren.

Die Reaktion meiner Leser überraschte mich: Innerhalb von zwei Wochen erhielt ich über 10 000 Mails mit Geschichten, wie dieses Buch meine Leser dazu inspiriert hatte, ihre faulen Ausreden über Bord zu werfen und mit der Verwirklichung ihrer wahren Ziele zu beginnen. Viele Leser hatten sogar ein ganz neues Leben begonnen, nachdem sie den faulen Kompromissen, die ihren Horizont einschränkten, ins Auge gesehen und sich ein für alle Mal von ihnen verabschiedet hatten.

Und nicht nur das: Sie wollten mit ihren persönlichen Erfahrungen auch andere Menschen inspirieren und rieten mir daher, die Geschichten von ihrem »Kampf gegen die Kühe« zu veröffentlichen. Also habe ich ein paar ihrer Geschichten in dieses Buch aufgenommen. Lesen Sie, wie andere Leute den Mut aufgebracht haben, ihre selbstauferlegten Beschränkungen zu überwinden und ein außergewöhnliches Leben zu führen, und lassen Sie sich davon inspirieren!

Die Geschichte von der Kuh zeigt, wie wir uns von schlechten Angewohnheiten, faulen Ausreden und falschen Vorstellungen befreien können, die uns einschränken und uns zu einem Leben in ewigem Mittelmaß verdammen. All diese Dinge bezeichnen wir gerne als unseren inneren Schweinehund. In diesem Sinne steht die Kuh in der Geschichte für unsere innere Schweinekuh, die uns dort gefangen hält.

Ich war schon immer der Meinung, dass der wahre Feind des Erfolges nicht der Misserfolg ist, wie manche Menschen vielleicht glauben, sondern die Mittelmäßigkeit – jene weitverbreitete Vorstellung, dass wir ja eigentlich »ganz gut über die Runden kommen« und deshalb auch nichts an unserem Leben zu ändern brauchen.

Misserfolge können Brücken auf dem Weg zu einem erfolgreichen Leben sein – eine Chance, etwas Wichtiges zu lernen. Wenn es keine Misserfolge gäbe, würden uns die negativen Angewohnheiten und Verhaltensmuster, die wir korrigieren müssen, um vorwärtszukommen, vielleicht gar nicht bewusst werden. Ohne Missgeschicke gibt es keinen Erfolg!

Aus dem Mittelmaß dagegen können wir nichts lernen. Im Gegenteil: Wenn wir uns mit einem mittelmäßigen Leben zufriedengeben, kommt unser Fortschritt früher oder später völlig zum Stillstand. Deshalb kämpfe ich so vehement gegen alles Mittelmäßige an. Ich weiß, dass manche Menschen Misserfolge unbedingt vermeiden wollen, weil man ihnen schon von Kindheit an Versagensängste eingeimpft hat. Aber ich glaube, dass wir unsere Zeit lieber dafür nutzen sollten, sämtliche Ausreden und falschen Vorstellungen, die uns zu einem mittelmäßigen Leben verdammen, über Bord zu werfen, statt krampfhaft allen potenziellen Misserfolgen aus dem Weg zu gehen.

Das zeitlose Symbol der Kuh veranschaulicht, welch verheerende Folgen scheinbar harmlose Ideen haben können, wenn sie sich erst einmal in unserem Kopf festgesetzt haben, und zeigt, dass unser Leben sich von Grund auf ändern kann, wenn wir endlich beschließen, unsere innere Schweinekuh zu überwinden und unsere faulen Ausreden hinter uns zu lassen.

Ich hoffe, dass jeder Leser aus dieser Geschichte seine eigenen Lektionen ableiten wird. Und wenn Sie am Ende feststellen, dass Sie überhaupt nichts daraus gelernt haben, dann ist *das* vielleicht Ihre Kuh!

Kapitel 1

Es war einmal eine Kuh ...

Ich schrieb die meisten meiner Misserfolge direkt oder indirekt dem Verhalten anderer Menschen zu. Immer waren meine Frau, mein Chef, meine Mitarbeiter, meine Eltern oder irgendwelche anderen Leute an meinen Rückschlägen schuld. Und manchmal hatte ich damit sicherlich auch recht. Oft waren es aber nur faule Ausreden, mit denen ich meine Fehler und meine Unentschlossenheit zu kaschieren versuchte. Eines habe ich aus der Geschichte von der Kuh gelernt: Es ist völlig egal, ob andere Menschen an meinen Misserfolgen schuld sind oder nicht. Schließlich kann ich nicht immer sagen: »Eigentlich wollte ich ja etwas erreichen, aber diese oder jene Person hat mich daran gehindert.« Oder: »Er oder sie hat mich nicht in meinen Bemühungen unterstützt, und deshalb ist nichts aus mir geworden«. Ich glaube, es fällt uns am allerschwersten, die volle Verantwortung für unseren eigenen Erfolg zu übernehmen. Doch wenn Sie sich einmal dazu entschlossen haben, müssen Sie wenigstens nicht mehr mit dem quälenden Gedanken leben, dass jemand anderes an Ihren Misserfolgen und Missgeschicken schuld ist.

– Anthony Burgos, Seattle (Washington)

Es war einmal ein weiser, erfahrener Lehrer, der seinem Schüler das Geheimnis vermitteln wollte, wie man ein glückliches, erfolgreiches Leben führt. Dieser alte Mann kannte die vielen überflüssigen Hürden und Schwierigkeiten, mit denen die meisten Menschen auf ihrer Suche nach dem Glück zu kämpfen haben, und nahm sich daher vor, seinem Schüler zunächst einmal klarzumachen, warum so viele Leute sich mit einem durchschnittlichen, mittelmäßigen Leben zufriedengeben.

Nur allzu viele Menschen scheinen nicht in der Lage zu sein, die Hindernisse zu überwinden, die ihnen den Weg zum Erfolg verstellen, und führen daher ein unerfülltes, gerade noch erträgliches Leben – davon war der Lehrer fest überzeugt. Und er wusste, dass sein Schüler diese wichtige Lektion nur dann begreifen würde, wenn er mit eigenen Augen erlebte, was passiert, wenn wir unser Leben vom Mittelmaß regieren lassen.

Also beschloss der Lehrer, mit seinem Schüler in eines der ärmsten Dörfer der Provinz zu reisen, in der die beiden lebten. Überall in dieser Gegend herrschten Elend und Verzweiflung, und ihre Bewohner schienen sich stillschweigend mit diesem Schicksal abgefunden zu haben.

Gleich nach ihrer Ankunft bat der Lehrer den jungen Mann, ihm bei der Suche nach dem ärmlichsten Haus in dieser Gegend zu helfen. Dort wollten sie übernachten.

Nachdem sie eine Weile durch das Dorf gelaufen waren, erreichten sie die Außenbezirke, und plötzlich standen sie vor der heruntergekommensten kleinen Hütte, die sie je gesehen hatten.

Das Häuschen sah aus, als würde es im nächsten Augenblick zusammenfallen. Sicherlich gehörte es einer der ärmsten Familien im Dorf. Die Mauern standen nur noch wie durch ein Wunder aufrecht und drohten jeden Augenblick einzustürzen. Wasser sickerte durch ein improvisiertes Dach, das den Bewohnern keinerlei Schutz vor den Elementen zu bieten schien. Um das Haus herum lagen Abfälle, die seinen verwahrlosten Eindruck noch verstärkten.

Ein kleines Kind machte den Besitzer des Hauses auf die beiden Reisenden aufmerksam, und er kam heraus und begrüßte sie herzlich.

»Könntest du zwei müden Wanderern für eine Nacht in deinem Haus Unterschlupf gewähren?«, fragte der Lehrer, nachdem er den Gruß erwidert hatte.

»In meinem Haus ist es ziemlich eng, aber wenn euch das nichts ausmacht, seid ihr mir herzlich willkommen.«

Die beiden Männer traten ein und sahen zu ihrem großen Entsetzen, dass in dem winzigen Innenraum, der nur etwa 13 Quadratmeter groß war, acht Menschen wohnten: Vater, Mutter, vier Kinder und zwei Großeltern taten ihr Bestes, um auf diesem engen Raum miteinander auszukommen.

Den ausgemergelten, ungepflegten Gestalten in den zerlumpten Kleidern sah man deutlich an, dass bittere Armut ihr Leben bestimmte. Ihre traurigen Gesichter und gesenkten Köpfe ließen keinen Zweifel daran, dass sich die Bedürftigkeit nicht nur in ihren Körpern, sondern auch in ihren Köpfen breitgemacht hatte.

Unwillkürlich ließen die beiden Besucher ihre Blicke umherschweifen und fragten sich, ob inmitten dieses Elends wohl auch etwas Wertvolles zu entdecken war. Aber es gab nichts – gar nichts!

Doch als die beiden aus dem Haus traten, stellten sie fest, dass sie sich getäuscht hatten. Seltsamerweise hatte diese Familie einen sehr ungewöhnlichen Besitz, den ihr angesichts ihrer erbärmlichen Lebensumstände niemand zugetraut hätte: Sie besaß eine Kuh.

Das Tier machte zwar einen recht kläglichen Eindruck, aber trotzdem schien das ganze Leben und Tun der Familie sich nur um diese Kuh zu drehen. »Hast du die Kuh schon gefüttert? Achte darauf, dass die Kuh genug Wasser hat! Binde die Kuh fest. Vergiss nicht, die Kuh auf die Weide zu lassen. Die Kuh muss gemolken werden!« Die Kuh spielte eine beherrschende Rolle im Leben dieser Familie, obwohl das bisschen Milch, das sie gab, kaum zum Leben ausreichte.

Die Kuh schien aber auch noch einen anderen wichtigen Zweck zu erfüllen: Sie war das Einzige, was die Familie vor dem totalen Elend bewahrte. An einem Ort, an dem an allem Mangel zu herrschen schien, hatte dieser wertvolle Besitz ihr den Respekt, wenn nicht vielleicht sogar den Neid der Nachbarn eingetragen.

In diesem Haus legten der Lehrer und sein Schüler sich nun also inmitten von Schmutz und Armut nieder, um die Nacht zu verbringen.

Am nächsten Morgen brachen sie schon vor dem Morgengrauen auf, um ihre Reise fortzusetzen, und verhielten sich dabei sehr leise, um niemanden zu wecken.

Der Schüler sah sich noch einmal um, um sich diesen jämmerlichen Ort genau einzuprägen. Er war nicht sicher, ob er die Lektion verstanden hatte, die sein Lehrer ihm mit dem Besuch dieses Hauses vermitteln wollte. Doch ehe sie sich wieder auf den Weg machten, flüsterte der alte Mann ihm zu: »Jetzt wirst du erfahren, warum ich dich an diesen trostlosen Ort geführt habe.«

Während ihres kurzen Besuchs bei der Familie hatten die beiden Männer unbeschreiblich viel Elend gesehen. Aber eigentlich verstand der junge Mann gar nicht genau, warum es dieser Familie so schlecht ging. Warum hatte sie es überhaupt erst so weit kommen lassen? Und was hielt sie noch hier?

Draußen vor dem Haus ging der Lehrer auf die Kuh zu, die in der Nähe an einem wackeligen Pfosten angebunden war. Als sie nur noch einen Schritt von ihr entfernt waren, zog der alte Mann einen Dolch. Zunächst war der Schüler überrascht. Als jedoch sein Lehrer plötzlich den Arm hob, begriff er, was er vorhatte, und erschrak. Ungläubig sah er zu, wie der alte Mann der Kuh mit einer raschen Bewegung die Kehle durchschnitt. Lautlos sank das Tier zu Boden.

Fassungslos starrte der Schüler auf die tote Kuh. »Warum hast du das getan?«, fragte er seinen Lehrer bestürzt, aber leise, um die Familie nicht zu wecken. »Wie konntest du das arme Tier töten? Was ist das für eine Lektion, mit der du diese Familie in den sicheren Ruin treibst? Die Kuh war doch das Einzige, was sie hatten. Was soll denn jetzt aus ihnen werden?«

Doch der Lehrer ließ sich von der entsetzten Reaktion des jungen Mannes nicht beirren und ignorierte seine Fragen. Schweigend machte er sich auf den Weg und ließ den Schauplatz seiner grausamen Tat hinter sich. Das Schicksal, das die arme Familie nach dem Tod ihres Tiers erwartete, schien ihn überhaupt nicht zu interessieren. Immer noch verwirrt, folgte der Schüler ihm zögernd, und sie setzten ihre Reise fort.

Die Familie sah nun einem Leben in noch größerer Not und Ungewissheit entgegen. In den nächsten Tagen ging dem Schüler immer wieder der schreckliche Gedanke durch den Kopf, dass diese Familie ohne ihre Kuh sicherlich verhungern würde. Wie hätte er auch zu einem anderen Schluss kommen sollen, wo diese Menschen doch jetzt ihre einzige Lebensgrundlage verloren hatten? Dieser Gedanke bedrückte den jungen Mann in den nächsten Wochen oft sehr. Und auch von sich selbst war er enttäuscht, weil er seinen Lehrer nie nach dem Grund für sein rätselhaftes Handeln an jenem schrecklichen Morgen gefragt hatte.

So verging ein Jahr. Eines Nachmittags schlug der Lehrer ihm vor, in das kleine Dorf zurückzukehren, um zu sehen, was aus der Familie geworden war. Schon die bloße Erwähnung dieser scheinbar längst vergessenen Begebenheit weckte in dem Schüler lebhafte Erinnerungen an eine Lektion, die er auch nach so langer Zeit noch immer nicht begriffen hatte.

Wieder gingen ihm sorgenvolle Gedanken über diese arme Familie und die Rolle durch den Kopf, die er in ihrem

Schicksal gespielt hatte. Was war wohl aus den armen Leuten geworden? Hatten sie ihren schweren Schicksalsschlag überlebt? War es ihnen wohl gelungen, ein neues Leben zu beginnen? Wie konnte er diesen Menschen nach dem, was sie ihnen angetan hatten, jemals wieder unter die Augen treten? Trotz dieser beunruhigenden Gedanken stimmte er dem Vorschlag seines Lehrers widerwillig zu und machte sich lustlos auf eine Reise, die das bedrückende Ereignis vom letzten Jahr in einem ganz neuen Licht erscheinen lassen sollte.

Nach mehrtägiger Wanderung erreichten die beiden Männer das Dorf und begaben sich auf die Suche nach dem ärmlichen Haus, fanden es aber nicht. Die Umgebung sah immer noch genauso aus wie damals, aber die Holzhütte, in der sie damals übernachtet hatten, war nicht mehr da. Stattdessen stand hier jetzt ein ganz neues, sehr viel schöneres Haus. Die beiden Männer blieben stehen und sahen sich in alle Richtungen um, um sicherzugehen, dass sie auch wirklich am richtigen Ort waren.

Wahrscheinlich ist der Tod ihres Tieres ein zu schwerer Schlag für diese einfachen Menschen gewesen, dachte der junge Mann. Vielleicht mussten sie ihr Grundstück daraufhin aufgeben, und eine wohlhabendere Familie ist hierhergezogen und hat sich ein neues Haus gebaut. Vielleicht hatte die Familie das Dorf ja auch aus Scham über ihren Verlust verlassen.

Während ihm diese Gedanken durch den Kopf schossen, blieb der junge Mann unschlüssig stehen. Sollte er versuchen herauszufinden, was aus der Familie geworden war, oder einfach weitergehen, um nicht erfahren zu müssen, dass seine schlimmsten Befürchtungen wahr geworden waren? Der junge Mann beschloss, sich Klarheit zu verschaffen. Er wollte es ganz einfach wissen. Also klopfte er an die Tür und wartete.

Nach ein paar Sekunden erschien ein sehr sympathisch wirkender Mann an der Tür. Zuerst erkannte der Schüler ihn gar nicht. Doch als ihm dann klar wurde, dass das derselbe Mann war, der ihnen vor einem Jahr Unterkunft gewährt hatte, konnte er seinen Schrecken nicht verbergen. Ja, er war es tatsächlich. Aber irgendetwas an ihm hatte sich verändert. Er trug saubere Kleider und machte einen sehr gepflegten Eindruck. Auf seinem Gesicht lag ein Lächeln, und seine Augen funkelten. Es lag auf der Hand, dass im Leben dieses Mannes eine tief greifende Veränderung stattgefunden hatte.

Der junge Mann traute seinen Augen nicht. Wie war das möglich? Was um alles in der Welt war in diesem Jahr seit ihrem letzten Besuch in diesem Dorf geschehen? Rasch begrüßte er den Mann und befragte ihn sofort nach den glücklichen Umständen, die im Leben seiner Familie offensichtlich eingetreten waren.

»Als wir vor einem Jahr hier übernachteten«, sagte der junge Mann, »schien eure Situation doch noch so unglücklich und hoffnungslos zu sein. Bitte erzähle mir, wodurch sich euer Leben seitdem so verändert hat. Warum geht es euch jetzt plötzlich so gut?«

Der Mann, der ja nicht wusste, dass die beiden Reisenden für den Tod seiner Kuh verantwortlich waren, lud sie in sein Haus ein und erzählte ihnen eine nahezu unglaubliche Geschichte, die das Leben des jungen Mannes für immer verändern sollte.

Er berichtete, wie zufälligerweise genau an jenem Tag, an dem die beiden abgereist waren, irgendein Bösewicht, der sie wahrscheinlich um ihr bescheidenes Glück beneidete, das arme Tier brutal abgeschlachtet hatte.

»Ich muss zugeben«, sagte der Mann, »dass wir darüber zunächst völlig verzweifelt waren. Denn lange Zeit war die Milch dieser Kuh unsere einzige Lebensgrundlage gewesen. Außerdem war das Tier unser einziger Besitz und unser ganzes Leben hing davon ab. Sie war der Mittelpunkt unseres Lebens, und ehrlich gesagt: Schon allein ihr Besitz hatte uns ein Gefühl der Sicherheit gegeben und uns den Respekt unserer Nachbarn eingetragen.

Bald nach diesem tragischen Ereignis wurde uns klar, dass wir unbedingt etwas unternehmen mussten, weil unsere Situation sonst bald noch schlimmer werden würde. Ohne dieses Tier waren wir am Tiefpunkt unserer Existenz angelangt. Schließlich brauchten wir etwas zu essen und mussten auch unsere Kinder ernähren. Also gruben wir ein kleines Stück von dem abfallübersäten Grundstück hinter unserem Haus um und bauten ein bisschen Gemüse an. So schafften wir es, die ersten Monate nach diesem schrecklichen Ereignis zu überleben.

Bald wurde uns klar, dass unser kleiner Garten mehr Erträge brachte, als wir für uns selbst brauchten. Wenn wir den Rest des Gemüses an unsere Nachbarn verkauften, konnten wir von dem Geld noch mehr Saatgut kaufen. Bald hatten wir genug zu essen und konnten trotzdem noch jede Menge Ware auf dem Markt in der Stadt verkaufen.

Und dann geschah das große Wunder!«, sagte der Mann beinahe fröhlich. »Zum ersten Mal in unserem Leben hatten wir Geld für Kleidung und ausreichend Lebensmittel. In diesem Augenblick wurde uns klar, dass es Hoffnung auf ein neues Leben gab – ein Leben, von dem wir nie zuvor zu träumen gewagt hatten.

Letzten Monat konnten wir uns dieses kleine Haus bauen. Es ist, als hätte der Verlust unserer Kuh uns erst die Augen für ein neues, erfolgreiches Leben geöffnet.«

Der junge Mann staunte sehr über diese Geschichte. Endlich begriff er, welche Lektion ihm sein geliebter Lehrer damit hatte erteilen wollen. Plötzlich wurde ihm klar, dass der Tod der Kuh für diese Leute nicht das Ende bedeutete, wie er befürchtet hatte, sondern – ganz im Gegenteil – der Anfang eines neuen Lebens war, das ihnen viel bessere Chancen bot.

Der Lehrer, der sich den Bericht des Mannes schweigend angehört hatte, nahm seinen Schüler beiseite. »Glaubst du, dass diese Familie im vergangenen Jahr auch so viel erreicht hätte, wenn sie ihre Kuh noch besäße?«, fragte er ihn.

»Wahrscheinlich nicht«, erwiderte der junge Mann, ohne zu zögern.

»Hast du es jetzt begriffen? Diese Kuh, auf deren Besitz diese Leute so stolz waren, war in Wirklichkeit nur ein Klotz am Bein, der sie an ein armseliges, mittelmäßiges Leben fesselte. Sie hatten sich mit dem Gedanken getröstet, dass die Kuh sie vor dem totalen Ruin bewahren würde. Doch erst als sie diese trügerische Sicherheit nicht mehr besaßen, waren sie gezwungen, neue Wege zu gehen.«

»Mit anderen Worten: Die Kuh, die die Nachbarn dieser Leute für einen beneidenswerten Segen gehalten hatten, gab ihnen das Gefühl, nicht vollkommen arm zu sein, obwohl sie in Wirklichkeit trotzdem im Elend lebten«, sagte der Schüler nachdenklich.

»Genau«, antwortete der alte Lehrer. »So ergeht es einem, wenn man sich einredet, dass das wenige, was man besitzt, doch eigentlich mehr als genug sei. Schon allein dieser Gedanke wird zu einer schweren Fessel, die dich davon abhält, dich nach etwas Besserem umzusehen. Selbstzufriedenheit beginnt dein Leben zu bestimmen. Du lernst, deine Situation zu akzeptieren, obwohl du eigentlich völlig unzufrieden damit bist. Du weißt zwar, dass du nicht glücklich damit bist, was du im Leben erreicht hast, aber du bist auch nicht vollkommen unglücklich. Dein Schicksal frustriert dich zwar, aber es beunruhigt dich nicht genug, um etwas dagegen zu tun. Siehst du jetzt, wie tragisch das ist?

Wenn du mit deiner Arbeit unzufrieden bist, weil sie nicht einmal deine elementarsten finanziellen Bedürfnisse erfüllt und dir weder persönliche Befriedigung gibt noch das Leben bietet, das du dir wirklich wünschst, wird es dir sicherlich leichtfallen, diese Stellung zu kündigen und dir eine bessere Arbeitsstelle zu suchen. Aber wenn diese Arbeit, die dir nicht gefällt, es dir ermöglicht, deine Schulden zu bezahlen, zu überleben und dir vielleicht ab und zu auch noch etwas Schönes zu gönnen, gibst du dich nur allzu leicht damit zufrieden, ***wenigstens etwas zu haben.*** Manche Leute, redest du dir ein, wären sicherlich dankbar, wenn sie solch einen Job hätten.

Doch genau wie die Kuh jener Familie wird diese Einstellung dich nur einschränken. Wenn du dich nicht davon befreist, wirst du niemals etwas anderes erleben als das, was du schon immer gekannt hast. Dann bist du dein Leben lang ein Opfer der Beschränkungen, die du dir selbst auferlegt hast. Es ist fast so, als hättest du beschlossen, mit verbundenen Augen an der Startlinie sitzen zu bleiben und einfach nur das Beste zu hoffen.«

Nachdenklich blieb der Schüler stehen. Die Ausführungen seines Lehrers faszinierten ihn. Allmählich begann all das doch noch einen Sinn für ihn zu ergeben. »Wir alle haben solche *Kühe,* die uns das Leben erschweren«, fuhr der alte Mann fort. »Wir tragen die schwere Bürde unserer falschen Vorstellungen, Ausreden, Ängste und Rechtfertigungen mit uns herum. Und tragischerweise fesseln diese selbst auferlegten Einschränkungen uns an ein Leben, in dem wir niemals über das traurige Mittelmaß hinauswachsen werden.

Und als ob das nicht schon schlimm genug wäre«, setzte der alte Mann hinzu, »halten viele Menschen stur an ihren Vorwänden fest, mit denen sie zu erklären versuchen, warum sie nicht das Leben führen, von dem sie schon immer geträumt haben. Sie erfinden eigentlich ganz glaubwürdige Rechtfertigungen und leben dann immer so weiter – bis ihnen eines Tages die erschütternde Erkenntnis kommt, dass diese Erklärungen zwar vielleicht andere Menschen überzeugen, ihnen selbst aber nichts nützen.«

»Welch eine wichtige Lektion«, dachte der junge Mann und machte in Gedanken sofort eine Bestandsaufnahme seiner eigenen Kühe.

Während der letzten Tage ihrer gemeinsamen Reise dachte er lange über all die Beschränkungen nach, die er sich im Lauf seines Lebens selbst auferlegt hatte. Und er nahm sich vor, alle falschen Überzeugungen, die ihn an eine durchschnittliche, mittelmäßige Existenz gefesselt und davon abgehalten hatten, seine wahren Möglichkeiten zu verwirklichen, gnadenlos über Bord zu werfen.

Der Tag, an dem der junge Mann zu dieser Erkenntnis gekommen ist, war zweifellos ein ganz besonderer Tag in seinem Leben: Es war der Beginn einer *kuhfreien Existenz.*

Kapitel 2

Nicht jede Kuh macht »Muh«!

Nachdem ich ein paar Tage lang gezögert hatte, machte ich mich schließlich an die Lektüre dieses Buches. Während des Lesens musste ich immer wieder laut lachen, denn mir wurde klar, dass ich die meisten dieser Ausflüchte in meinem Leben selbst schon einmal gebraucht hatte. Damals waren sie mir gar nicht wie faule Ausreden vorgekommen. Aber nun, da ich sie schwarz auf weiß vor mir sah, schämte ich mich fast dafür. Einige dieser Vorwände hatte ich anderen Leuten sogar als Ratschläge mit auf den Weg gegeben. Mein Problem ist, dass ich zu zögerlich bin. Ich habe mich bisher immer hinter folgenden Kühen verschanzt: »Es ist besser, auf Nummer sicher zu gehen«, »Man soll nichts überstürzen«, oder: »Ich will die Sache erst mal überschlafen.« Und so verschob ich Dinge, die dringend getan werden mussten, immer wieder, bis es zu spät war. Inzwischen ist mir klar geworden, wie leicht man zum Sklaven seiner eigenen faulen Ausreden und Rechtfertigungen wird. Sie schleichen sich nahezu unbemerkt in unser Leben ein. Und so banal diese Vorwände auch zu sein scheinen: Inzwischen weiß ich, dass sie alle irgendwelche negativen Konsequenzen haben. Jetzt freue ich mich darauf, mir endlich aufzuschreiben, welche Kühe mir bisher das Leben schwer gemacht haben, und sie dann so schnell wie möglich loszuwerden.

– Charles Johnson, Los Angeles (Kalifornien)

Genau wie viele andere destruktive Angewohnheiten sind unsere Kühe schweigsame Wegbegleiter. Daher erkennen wir sie nicht so leicht und oft üben sie ihren negativen Einfluss auf unser Leben völlig unbemerkt aus. Nur wenige Menschen geben offen zu, dass sie sich hinter Ausreden verschanzen. Stattdessen betrachten wir unsere Kühe gern als vernünftige, sachliche Erklärungen für Umstände, die außerhalb unserer Kontrolle liegen. Wie bequem!

Statt zuzugeben, dass wir ständig zu spät kommen, sagen wir, dass wir es mit der Zeit eben einfach nicht so genau nehmen, oder noch besser: Wir sind mal wieder im Stau stecken geblieben. Erkennen Sie jetzt, wie leicht man in diese schlechte Angewohnheit verfällt, ohne es überhaupt zu merken?

Auf diese Weise werden unsere Rechtfertigungen zu »logischen Erklärungen«, unsere irrationalen Ängste reden wir uns als »vernünftige Vorsichtsmaßnahmen« schön, und unsere geringen Erwartungen sind natürlich nichts anderes als eine »realistische Lebenseinstellung«. Wir wollen uns nicht eingestehen, dass wir uns mit dem Zweitbesten zufriedengegeben haben. Ganz im Gegenteil: Wir sehen das Leben eben einfach so, wie es ist, um uns vor Enttäuschungen zu bewahren.

Niemals würden wir zugeben, dass all das nur Versuche unserer inneren Schweinekuh sind, rationale Erklärungen für unser Mittelmaß zu finden. Wir glauben lieber daran, dass wir einfach nur realistische Leistungsstandards für uns aufstellen, die sich problemlos erfüllen lassen.

Deshalb fällt es vielen Menschen so schwer zu glauben, dass diese Kühe eine große Rolle in ihrem Leben spielen. Unsere eigenen Rechtfertigungen kommen uns nicht wie Ausreden vor, sondern wie logische Argumentationsketten. Verstehen Sie, was ich meine? Nicht alle Kühe machen sich durch lautes Muhen bemerkbar, und deshalb fallen sie uns oft gar nicht auf.

Nachdem ich Menschen aus aller Welt meine Geschichte von der Kuh erzählt und mir ihre Ausreden und »vernünftigen Erklärungen« angehört hatte, kam ich zu dem Schluss, dass viele ganz einfach vor dem Gedanken zurückschrecken, sich von ihren Kühen zu befreien. Denn die Redewendungen, mit denen wir uns vor wichtigen Veränderungen in unserem Leben drücken, klingen nun mal besser als das Wort »Ausreden«. Sie sind akzeptabler für uns und wecken weniger Schuldgefühle. Deshalb müssen wir uns von diesen beschönigenden Formulierungen verabschieden, wenn wir erfolgreich sein wollen.

Ich weiß, das klingt hart. Wahrscheinlich wäre es Ihnen lieber, wenn ich Sie bitten würde, »Ihre Einstellung zu ändern«, »Ihr Verhalten zu korrigieren«, oder »Ihre schlechten Angewohnheiten abzulegen«, statt Ihnen klipp und klar zu sagen, dass Sie Ihre Kühe schlachten sollen. Doch ich habe festgestellt: Wenn wir im Leben wirklich Erfolg haben und das Beste aus unseren Möglichkeiten und Fähigkeiten machen wollen, müssen wir schmerzhaft ehrlich zu uns selbst sein. Und das beginnt damit, dass man die Dinge beim Namen benennt, statt politisch korrekte oder emotional akzeptable Beschönigungen dafür zu finden.

Das Wort »Kuh« steht also für sämtliche Ausreden, Vorwände, Rechtfertigungen, Lügen, Rationalisierungen, Ängste und falschen Vorstellungen, die Sie an ein mittelmäßiges Leben fesseln und davon abhalten, das Leben zu führen, das Sie eigentlich verdienen und das Ihnen bestimmt ist – kurz: für unsere innere Schweinekuh. Leider besitzen wir alle wahrscheinlich viel mehr Kühe, als wir zugeben möchten.

Normalerweise lassen sich diese Kühe in zwei Kategorien einteilen: *faule Ausreden* und *Einstellungen, die unseren Horizont einschränken*. Faule Ausreden können die verschiedensten Formen annehmen: Das können zum Beispiel Rechtfertigungen, Vorwände oder schlicht und einfach Lügen sein. Einstellungen, die unseren Horizont einschränken, manifestieren sich normalerweise als Ängste, Rationalisierungen und falsche Vorstellungen. Damit werden wir uns im nächsten Kapitel befassen. Doch zunächst wollen wir unsere faulen Ausreden einmal ein bisschen genauer unter die Lupe nehmen.

Ausreden dienen normalerweise dazu, zu erklären, warum wir nicht das getan haben, was wir tun sollten. Der Hauptunterschied zwischen Ausreden und Einstellungen, die unseren Horizont einschränken, besteht darin, dass wir unsere eigenen Ausreden meistens gar nicht glauben.

Im Grunde unseres Herzens wissen wir, dass das, was wir da erzählen, nicht stimmt. Sie sind nichts weiter als eine bequeme Methode, unser eigenes Mittelmaß zu rechtfertigen und »unser Gesicht zu wahren«.

»Tut mir leid, dass ich zu spät gekommen bin. Immer dieser blöde Verkehr!«

Dabei lag es in Wirklichkeit gar nicht am Verkehr, dass wir zu spät gekommen sind. Wir haben uns einfach nur keine Mühe gegeben, pünktlich zu sein. Um unser Unbehagen oder unser schlechtes Gewissen wegen des Zuspätkommens zu kaschieren, haben wir uns eine Ausrede ausgedacht.

Wer Ausreden gebraucht, ist unehrlich zu sich selbst und anderen.

Leider werden solche Ausflüchte in unserer Gesellschaft viel eher akzeptiert als die Wahrheit. Wir schieben die Schuld auf den Verkehr, weil wir nicht zugeben möchten, dass wir unbedingt noch die Nachrichten hören wollten. Das würde doch einen unhöflichen Eindruck machen, oder nicht? Und wir rufen auch nicht im Büro an und sagen: »Ich komme heute etwas später, weil ich versprochen habe, meine Tochter zu ihrem Schulausflug zu begleiten.« Stattdessen melden wir uns lieber krank.

Doch genau wie für alle Kühe müssen wir auch für diese sozial durchaus akzeptablen Ausreden einen Preis zahlen. Und dieser Preis liegt in dem Wissen, dass wir nicht selbstbewusst genug sind, die Wahrheit zu sagen und dann auch deren Konsequenzen zu tragen.

Ausreden? Ich? Niemals!

Ausreden sind die häufigsten Kühe, die es gibt. Sie sind eine sehr einfache Methode, unser Mittelmaß zu rechtfertigen, indem wir einen Sündenbock für unsere Unzulänglichkeiten finden. Auf diese Weise müssen wir keine Verantwortung für Fehler übernehmen, die wir eigentlich hätten vermeiden können.

Mit einer Ausrede sagen wir unseren Mitmenschen gewissermaßen: »Es ist zwar meine Schuld – aber eigentlich kann ich nichts dafür.«

- »Ich habe die Prüfung nicht bestanden, aber das lag an der Lehrerin. Sie hat uns nicht genügend Zeit gegeben, uns auf die Prüfung vorzubereiten.«
- »Ich habe beruflich nichts erreicht, weil ich immer wieder an Chefs gerate, die meine Begabung nicht zu schätzen wissen.«
- »Meine Ehe ist gescheitert, weil meine Frau sich nie wirklich Mühe gegeben hat, mich zu verstehen.«

Die Schuld an einer Situation anderen Menschen zuzuschieben, ist oft einfacher, als ihr ins Auge zu sehen und die Verantwortung dafür zu übernehmen. Mit solchen Ausreden können wir die Verantwortung von uns abwälzen. Die Wahrheiten, denen wir nicht ins Gesicht sehen wollen, können sehr vielfältig sein: eine nicht bestandene Prüfung, die Ablehnung anderer Menschen, Konflikte,

Einsamkeit oder Kritik. Und es ist auch völlig normal, dass man solchen unangenehmen Situationen aus dem Weg gehen möchte. Doch wenn wir versuchen, ihnen zu entgehen oder auszuweichen, hält uns das möglicherweise davon ab, das eigentliche Problem zu lösen, das hinter unseren Schwierigkeiten steckt.

All diese Ausreden dienen nur dazu, uns jeglicher Verantwortung zu entheben – uns in eine Opferrolle hineinzumanövrieren und die Schuld jemand anderem zuzuschieben. Ein verhängnisvoller Fehler: Denn solange Sie glauben, dass jemand anders an Ihrer Situation schuld ist, werden Sie ganz bestimmt nichts tun, um sie zu ändern. Schließlich können Sie nichts dafür! Sie sind nur ein Opfer unglückseliger Umstände.

Wenn man wirklich eine Ausrede für etwas finden will, dann findet man sie auch, und zwar normalerweise ohne große Probleme. Und sobald man diese Ausrede gefunden hat, wird man so lange daran festhalten, wie man nur kann.

Als Sam mit der Erkenntnis konfrontiert wurde, dass er sich mehr bewegen und seine Ernährung ändern musste, um etwas gegen seinen Diabetes zu tun, fielen ihm sofort jede Menge Ausreden ein: »Ich würde ja gerne Sport treiben, aber ich habe einfach keine Zeit dazu.«, »Ich habe mich schon immer so ernährt.«, »Ich muss abends immer lange arbeiten und kann deshalb morgens nicht so früh aufstehen, um ins Fitnessstudio zu gehen.«, »Wenn man immer nur das essen würde, was gut für einen ist, würde man verhungern.« Selbst vor der allergrößten Banalität schreckte er nicht zurück: »An irgendetwas muss man ja schließlich sterben.« Das Problem ist nur, dass keine dieser Ausreden ihm helfen wird, seinen Diabetes in den Griff zu bekommen. Viele durchschauen ihr eigenes Verhalten aber nicht.

Ich erinnere mich noch an einen Unternehmer, mit dem ich vor vielen Jahren zusammenarbeitete. Der Mann war Kettenraucher und hatte diese schlechte Angewohnheit irgendwann als einen jener Umstände akzeptiert, gegen die er eben einfach machtlos war. Auf dem Totenbett sagte er zu seiner Familie: »Wie konnte ich es nur so weit kommen lassen, dass diese dumme Angewohnheit mich das Leben kostet!«

Sobald man beginnt, sich in eine Ausrede zu flüchten, hat man garantiert bald jede Menge Verbündete. Darauf können Sie sich verlassen. So absurd oder konstruiert Ihre Ausrede auch klingen mag – Sie werden immer Leute finden, die daran glauben und sie vielleicht sogar irgendwann selbst gebrauchen. Und diese Leute werden auch immer ein tröstendes Wort für Sie haben: »Ich weiß, wie dir zumute ist. Genau das Gleiche passiert mir auch immer wieder.«

Aber Ausreden ändern leider nichts. Sie lösen die Probleme, denen wir damit aus dem Weg zu gehen versuchen, nicht. Ganz im Gegenteil: Unser Leben bleibt genau so, wie es immer war. Wenn es vorher nur ein Durchschnittsleben gewesen ist, wird es das auch weiterhin bleiben. Somit ist eine Ausrede nichts anderes als eine Vorbereitung auf den Misserfolg. Und was noch schlimmer ist: Jedes Mal, wenn wir diese Ausrede gebrauchen, wird sie ein bisschen mehr zu unserer Realität.

William Shakespeare hat uns den wahren Grund dafür genannt, warum wir uns nicht in Ausreden flüchten sollen: »Oft wird ein Fehler nur noch schlimmer, wenn man sich dafür entschuldigt.«

Dazu gehört beispielsweise die unendlich oft gehörte Ausrede: »Ich habe keine Zeit«, um zu erklären, warum Sie nicht das tun, was getan werden muss. Irgendwann werden Sie vielleicht feststellen, dass Sie tatsächlich die Kontrolle über Ihre Zeit und damit über Ihr Leben verloren haben.

Dann reagieren Sie nur noch auf die Ereignisse, statt Ihr Leben selbst in die Hand zu nehmen, und betreiben reines Notfallmanagement, haben aber keine freie Minute mehr, um an den Dingen zu arbeiten, die Ihnen wirklich wichtig sind. Jedes Mal, wenn Sie diese Ausrede gebrauchen, gewinnt sie in Ihren Augen mehr Gültigkeit, bis sie schließlich tatsächlich ein Teil Ihrer Realität geworden ist. Ausreden sind eine sehr einfache Methode, um sich nicht mit dem schlimmsten Feind des Erfolges auseinandersetzen zu müssen: *dem Mittelmaß.*

Genauso geht es uns mit bestimmten falschen Vorstellungen und Ideen, die sich negativ auf unser Leben auswirken: Wenn wir sie ständig wiederholen und immer wieder neu bestätigen, ohne darüber nachzudenken, ob sie überhaupt stimmen, können sie uns mit der Zeit völlig lähmen.

Und wenn wir dann doch einmal so weit kommen, diese Ideen infrage zu stellen, wird uns klar, dass einige davon völlig falsch sind und wir sie bisher nur noch nie angezweifelt haben. Bei anderen Ideen handelt es sich einfach nur um unzutreffende Kommentare, die wir von anderen Leuten gehört haben. Viele davon sind durch ihre ständige Wiederholung zu festen Redewendungen geworden, obwohl sie in Wirklichkeit nichts anderes sind als Lügen, von einer feinen Glasur überzogen, die nach Wahrheit aussieht.

Also vergessen Sie Ihre Ausreden! Ihren Freunden gegenüber brauchen Sie keine Vorwände zu gebrauchen, und Ihre Feinde werden sowieso nicht daran glauben.

Wie man so schön sagt ...

Wenn eine Ausrede von vielen Menschen gebraucht und oft genug wiederholt wird, akzeptiert man sie irgendwann als Spruchweisheit. Im Lauf der Zeit entwickeln sich daraus interessante und scheinbar tiefgründige Aphorismen, die für wahr gehalten und als unfehlbare Weisheiten respektiert werden. Doch in Wirklichkeit sind viele dieser weisen Sprüche nichts anderes als Irrtümer, die uns daran hindern, im Leben vorwärtszukommen.

Sprüche wie: »Was Hänschen nicht lernt, lernt Hans nimmermehr«, oder: »Einmal ein Dieb, immer ein Dieb«, popularisieren lediglich zwei völlig falsche, absurde Ideen.

Sie wollen uns nämlich glauben machen, dass es ein bestimmtes Alter gibt, in dem man nichts Neues mehr dazulernen kann – und das ist wirklich eine der dümmsten Kühe, von denen ich je gehört habe –, oder dass es Gewohnheiten und Verhaltensweisen gibt, an denen sich beim besten Willen nichts ändern lässt.

Solche Ideen geben uns nicht nur ein Gefühl der Machtlosigkeit, sondern machen uns auch blind für unsere Fähigkeit zu lernen, uns zu verändern und auf konstruktive Weise an neue Gegebenheiten anzupassen. Wenn unsere Umgebung uns diese »Weisheiten« ständig vorbetet, halten wir sie zwangsläufig eines Tages für zutreffend oder glauben zumindest, dass ein wahrer Kern darin steckt. Aber oft werden solche Irrtümer einfach nur deshalb zu bekannten Sprichwörtern, weil sehr viele Menschen daran glauben.

Nehmen Sie sich einmal einen Augenblick Zeit, um darüber nachzudenken, ob in den folgenden bekannten Sprichwörtern etwas Wahres steckt oder ob es sich dabei einfach nur um faule Ausreden handelt:

- Wer gutmütig ist, wird ausgenutzt.
- Lieber den Spatz in der Hand als die Taube auf dem Dach.
- Geld bringt Geld.
- Wer nicht viel erwartet, erlebt wenigstens auch keine Enttäuschungen.
- Es ist nicht alles Gold, was glänzt.
- Es ist immer besser, auf Nummer sicher zu gehen.

Nun wollen wir einige dieser Sprichwörter einmal genauer unter die Lupe nehmen, um herauszufinden, was sie uns eigentlich sagen wollen und welchen Preis man dafür bezahlen muss, wenn man daran glaubt. Ist es nicht eigentlich absurd anzunehmen, dass Gutmütigkeit nicht nur nicht belohnt, sondern sogar noch bestraft wird? Welch eine zynische Lebensphilosophie!

Und ist es nicht unlogisch, eine neue berufliche Chance abzulehnen und lieber bei einem Job zu bleiben, der Ihnen eigentlich gar keinen Spaß mehr macht und in dem Sie nicht weiterkommen, nur weil es besser ist, »auf Nummer sicher zu gehen«? Und doch nehmen viele Menschen diese Binsenweisheit für bare Münze, ohne zu wissen, dass sie sich auf diese Weise mit weniger zufriedengeben, als sie eigentlich verdienen.

Und was ist mit dem beliebten Spruch: »Geld bringt Geld«? Wir wollen uns einmal überlegen, ob das wirklich stimmt. Ich habe diesen Spruch schon von vielen Möchtegern-Unternehmern gehört, die Angst davor hatten, die Initiative zu ergreifen, und sich hinter dieser Perle der Weisheit verschanzten. Ein echter Unternehmer wird Ihnen aber mit großer Gewissheit sagen, dass daran absolut nichts Wahres ist. Die vielen Erfolgsgeschichten von Menschen, die den Mut hatten, ihre Träume zu leben, zeigen uns, dass man nur eine Vision, Engagement und Ausdauer braucht und kein Geld, um aus einer Idee etwas zu machen.

Ehe Sie Ihr eigenes Verhalten wieder einmal mit einer dieser vermeintlichen Weisheiten rechtfertigen, sollten Sie darüber nachdenken, ob Sie damit nicht in Wirklichkeit nur Kühe pflegen, die Sie dazu verleiten, sich mit einem durchschnittlichen Leben abzufinden.

Kapitel 3

Jede Kuh war einmal ein Kalb

Ehe ich mich entschloss, Pilot zu werden, wollte ich mein Glück als Börsenmakler versuchen. Dieser Beruf hatte mich schon immer fasziniert. Doch meine Freunde und meine Familie rieten mir ab. Das sei doch viel zu riskant, und ich sei wohl verrückt, die Sicherheit meiner festen Anstellung und meines regelmäßigen Einkommens aufgeben zu wollen. Wahrscheinlich habe ich diesen Leuten viel zu lange zugehört, doch irgendwann, im Alter von 36 Jahren, wurde mir dann doch klar, dass ich mich nicht mein Leben lang von den Ängsten anderer Menschen leiten lassen durfte, und ich fasste den Mut, mich beruflich zu verändern. Heute bin ich glücklicher als je zuvor und überzeugt davon, meine wahre Bestimmung gefunden zu haben. Jetzt bin ich mein eigener Chef, kann mir meine Zeit selbst einteilen und motiviere mich auch selbst, was bedeutet, dass ich mir noch viel mehr abverlangen kann, als andere Leute mir zutrauen. Das ist ein sehr befreiendes Gefühl, und ich blicke mit größerer Vorfreude in die Zukunft als je zuvor.

– William Linville, Hallandale Beach (Florida)

Im letzten Kapitel habe ich geschrieben, dass die Einstellungen, die unseren Horizont einschränken – so absurd und irrational sie auch sein mögen –, uns so vorkommen, als seien sie real.

Wie real?

Beginnen wir mit unseren Ängsten. Angst ist die innere Haltung, die uns die größten Beschränkungen auferlegt. Denn das, wovor wir Angst haben, erscheint uns so real, dass es uns oft völlig lähmt und daran hindert, überhaupt irgendetwas zu tun.

Nehmen wir zum Beispiel die Angst, vor Publikum eine Rede oder einen Vortrag zu halten. Wie real ist diese Angst? Immerhin so real, dass das Reden in aller Öffentlichkeit auf der Liste der häufigsten Ängste noch höher rangiert als die Furcht vor dem Tod.

So absurd das auch klingen mag: Manchen Menschen jagt es tatsächlich größere Angst ein, vor einer Gruppe von Menschen eine Rede halten zu müssen, als zu sterben.

Sie halten das für übertrieben? Dann versuchen Sie einmal, so jemanden dazu zu bringen, sich vor ein Publikum zu stellen und ein paar Worte zu sagen. Achten Sie darauf, was bei dem bloßen Gedanken daran mit ihm geschieht. Seine geistige und körperliche Verfassung ändern sich von einer Sekunde auf die andere. Ihm bricht der Schweiß aus, sein Herz schlägt schneller, er bekommt weiche Knie und ist der Ohnmacht nahe. So große Angst haben manche Menschen davor, in der Öffentlichkeit eine Rede zu halten! Erst wenn man versucht, ihnen klarzumachen, dass diese Angst völlig irrational ist und dass ihnen nichts passiert, wenn sie vor Publikum sprechen, merkt man, wie real diese Angst für sie ist.

Ängste sind ohne Zweifel die schlimmsten Kühe, die es gibt. Sie können unser Denken völlig beherrschen und uns körperlich und geistig buchstäblich lähmen. Die einzige Lösung dieses Problems besteht darin, trotz unserer Ängste und Sorgen oder unseres Gefühls der Unzulänglichkeit aktiv zu werden. Das einzige Heilmittel gegen die Angst ist das Handeln.

Mit Rationalisierungen – einer weiteren Einstellung, die unseren Horizont einschränkt – versuchen wir, uns selbst und unsere Mitmenschen davon zu überzeugen, dass unsere Situation doch eigentlich gar nicht so schlimm ist, wie sie aussieht – obwohl wir sie eigentlich als unerträglich empfinden. Das Problem ist, dass wir unsere Rationalisierungen für wahr halten.

Wir verschwenden viel Zeit damit, rationale Erklärungen dafür zu finden, warum wir in einer Situation ausharren müssen, von der wir uns eigentlich viel lieber befreien würden, zum Beispiel an einem Arbeitsplatz, der uns nicht zusagt. Statt das Naheliegendste zu tun – nämlich uns einen neuen Job zu suchen –, vergeuden wir unsere Zeit mit Erklärungsversuchen, warum es die bessere Alternative ist, weiterhin in unserer alten Stelle zu bleiben.

Wenn ich an die verheerenden Auswirkungen von Rationalisierungen denke, fällt mir immer eine Frau ein, die in einer meiner Signierstunden auf mich zukam und mich um einen Rat bat, wie sie eine positivere Einstellung zu ihrer Arbeit entwickeln könnte. »Erzählen Sie mir ein bisschen davon, was Sie beruflich machen«, forderte ich sie auf. »Ich hasse meine Arbeit«, waren ihre ersten Worte. »Mein Chef ist ein Zyniker, der meine Leistungen überhaupt nicht zu schätzen weiß, und ehrlich gesagt entspricht dieser Job auch nicht meiner Ausbildung. Ich habe mich wirklich bemüht, eine positivere Einstellung zu meiner Arbeit zu entwickeln, aber inzwischen ist es mir sogar schon eine Last, jeden Tag zur Arbeit zu fahren.« Und dann zählte sie mir eine ganze Reihe von Gründen auf, warum ihr trotzdem nichts anderes übrig blieb, als weiter in dieser Stellung zu bleiben.

Zum Schluss fragte sie mich, was sie denn tun könne, um die Situation auf positivere Weise zu bewältigen. »Kündigen Sie!«, riet ich ihr. »Suchen Sie sich eine Arbeit, die Ihnen Spaß macht.« Da war die Frau ganz schockiert. Das war anscheinend nicht die Antwort, die sie sich erhofft hatte. Wahrscheinlich hatte sie über diese Möglichkeit noch gar nicht nachgedacht. Also erklärte ich ihr, warum wir niemals versuchen sollten, uns mit einem Beruf abzufinden, den wir hassen, sondern uns stattdessen lieber eine Tätigkeit suchen sollten, die uns Freude macht: Das Leben ist zu kurz, um Dinge zu tun, vor denen uns graut. Mein Freund Brian Tracy sagt immer: »Jede Minute, die man am falschen Arbeitsplatz verbringt, ist eine verlorene Minute.«

Auch falsche Vorstellungen von unseren eigenen Fähigkeiten, von anderen Menschen oder von der Welt, in der wir leben, können unseren geistigen Horizont einschränken. Meistens halten sie uns nämlich davon ab, die wahren Möglichkeiten, die in uns stecken, zu nutzen oder überhaupt zu erkennen.

Isabel, die vor Kurzem eine meiner Veranstaltungen besuchte, war Anfang 60, neu in unserem Land und schon seit einiger Zeit auf Arbeitssuche. Diese Frau hatte eine ganze Reihe falscher Vorstellungen davon, warum es für sie so schwierig war, in ihrer neuen Heimat in dem Beruf, den sie gewählt hatte, erfolgreich zu sein. »Ich konnte noch nie gut mit Menschen umgehen.«, »Ich bin zu alt, um noch eine Anstellung zu finden.«, »Niemand will eine 60-jährige Frau einstellen, die einen so komischen Akzent hat wie ich.« Sie führte eine lange Liste von Gründen an, warum sie nie einen guten Job finden würde, vor allem wegen ihres Alters. Als ich sie schließlich fragte, wo sie sich denn schon überall nach Arbeit umgesehen habe und abgelehnt worden sei, stellte sich heraus, dass sie sich erst bei einer einzigen Firma beworben und diese Firma leider keine Verwendung für sie gehabt hatte.

»Was soll ich denn nur tun, Dr. Cruz?«, fragte sie mich verzweifelt. Irgendwie hatte ich das Gefühl, dass ich nicht der Erste gewesen war, dem sie diese Geschichte erzählte. Wahrscheinlich hatte sie diese Litanei schon Hunderte von Malen heruntergebetet. »Erstens: Hören Sie auf, diese Geschichte zu erzählen«, empfahl ich ihr. »Zweitens: Schreiben Sie erst einmal 100 Bewerbungen und warten Sie ab, bis Sie von 100 Unternehmen abgelehnt worden sind, ehe Sie behaupten, dass Sie mit Ihrer Arbeitssuche keinen Erfolg hatten. Sobald Sie diese 100 Ablehnungsschreiben bekommen haben, kommen Sie wieder zu mir. Dann werden wir uns eine andere Strategie überlegen.«

Drei Monate später gab ich zufälligerweise wieder ein Seminar in derselben Stadt, und raten Sie mal, wer da saß? Isabel. In der Pause kam sie auf mich zu und sagte: »Ich habe nur zwei Ablehnungsschreiben bekommen. Dann fand ich einen großartigen Job. Ich arbeite jetzt schon seit zweieinhalb Monaten dort und bin sehr glücklich.« Und sie sah auch tatsächlich glücklich aus. Ihr resignierter Gesichtsausdruck war verschwunden und sie wirkte wie ein ganz neuer Mensch. Eigentlich ist es ja auch kein Wunder, dass man so aussieht, wenn man sich gerade von so vielen Kühen befreit hat.

Sie sehen: Kühe gibt es in den verschiedensten Formen und Verkleidungen. Deshalb fällt es uns auch so schwer, sie zu erkennen. Manche Menschen würden ihre Kühe lieber als unvermeidliche Bürde akzeptieren, die das Schicksal ihnen auferlegt hat – eine Bürde, über die sie nur wenig oder gar keine Kontrolle haben.

Jede Überzeugung, die Sie in Ihrer Macht und Kontrolle über die Situation einschränkt oder Ihnen einen Fluchtweg aus der Verantwortung ermöglicht, Ihr Leben selbst in die Hand zu nehmen, ist ziemlich sicher eine Kuh. Aber wie entstehen solche Kühe überhaupt? Genau wie eine große Lüge normalerweise als kleine Lüge beginnt, entwickelt sich eine große, ausgewachsene Kuh in der Regel aus einem harmlosen kleinen Kalb.

Ein Tag im Leben eines Pessimisten

Ich möchte Ihnen ein Beispiel dafür geben, wie Kühe in unserem Leben Gestalt annehmen. Einer der schlimmsten Feinde des Erfolges ist der Pessimismus. Ein niedriger Erwartungshorizont und eine negative Einstellung führen stets zu Misserfolg und Frustration.

Pessimisten leben in einer negativen, deprimierenden Welt, während die Welt des Optimisten positiv und voller Chancen ist. Natürlich leben in Wirklichkeit beide in derselben Welt. Die Unterschiede, die sie wahrnehmen, sind lediglich darauf zurückzuführen, dass sie sich von anderen Gedanken leiten lassen.

Im Gespräch mit einem Seminarteilnehmer, der eine besonders negative Lebenseinstellung hatte, entdeckte ich den Ursprung vieler pessimistischer Grundhaltungen. Ich machte eine Bemerkung über seine etwas düstere Sichtweise des Lebens. Daraufhin konterte er mit dem leider allzu bekannten Spruch: »Ich bin nur realistisch.«

Wahrscheinlich sind Sie auch schon solchen Leuten begegnet, die sich große Mühe geben, ihre negative Einstellung zu rechtfertigen, indem sie sie als »realistisch« bezeichnen. Wenn man jemanden mit positiver Lebenseinstellung fragt, ob er Optimist sei, sagt er normalerweise klipp und klar: »Ja.« Fragt man dagegen einen negativ eingestellten Menschen, ob er Pessimist sei, wird man eine ganz andere Antwort zu hören bekommen. Normalerweise hört sich das ungefähr so an: »Ich bin kein Pessimist, ich bin nur realistisch.«

Wie aber kann uns eine »realistische Lebenseinstellung« schaden? Ganz einfach: Wenn Sie einsehen, dass Sie ein negativer und verbitterter Mensch sind, beschließen Sie vielleicht irgendwann, Ihre Einstellung zu ändern. Möglicherweise suchen Sie sich sogar jemanden, der Ihnen dabei hilft, eine neue Sichtweise auf das Leben zu entwickeln. Wenn Sie dagegen glauben, einfach nur realistisch und pragmatisch zu sein, werden Sie es wahrscheinlich niemals für nötig halten, Ihre Einstellung zu ändern. Schließlich hört man immer wieder, dass ein Realist mit beiden Füßen auf dem Boden der Tatsachen steht und die Dinge so sieht, wie sie wirklich sind – zumindest glauben das die Realisten. Doch wenn Sie einmal ein bisschen genauer hinschauen, werden Sie sehen, dass die meisten »Realisten« dazu neigen, pessimistisch zu sein und negative Erwartungen zu haben. Sie glauben mir nicht? Dann werde ich es Ihnen beweisen!

Wie oft haben Sie schon jemanden gebeten, ein bestimmtes Ziel zu erreichen – zum Beispiel, bei seiner nächsten Prüfung eine Zwei zu bekommen –, und die betreffende Person antwortete darauf: »Was? Lass uns lieber realistisch sein! Ich denke, ich kann eine Eins schaffen.« Bestimmt niemals! Normalerweise würde man eher folgende Antwort zu hören bekommen: »Was, ich soll eine Zwei schreiben? Seien wir mal lieber realistisch! Mit etwas Glück schaffe ich vielleicht eine Drei.« Meiner Erfahrung nach haben »Realisten« eher geringe Erwartungen.

Die Kuh mit dem Namen *Ich bin Realist* macht Sie nicht nur blind für Ihren eigenen Pessimismus, sondern sie ist wie eine Linse, durch die Sie Ihre ganze Umwelt sehen und interpretieren. Es ist eigentlich ganz einfach: Wenn man eine dunkle Brille aufsetzt, sieht alles dunkler aus. Wenn man dagegen eine grün getönte Sonnenbrille trägt, bekommt alles, was man sieht, einen grünlichen Schimmer. Eine pessimistische Lebenseinstellung ist wie eine Brille, durch die Sie die Welt betrachten und beurteilen.

Als Pessimist wird man nicht geboren. Pessimismus ist eine erlernte Einstellung oder Konditionierung, die unser soziales Umfeld uns eingeimpft hat. Eine pessimistische Lebenshaltung erbt man nicht von seinen Eltern, und sie prägt sich unserem Unterbewusstsein auch nicht ein, ohne dass wir etwas dazu tun. Wir haben unseren Pessimismus und andere negative Emotionen erlernt und unser Denken freiwillig darauf programmiert.

Negative Gedanken halten Sie nicht nur davon ab, Ihre Träume zu verfolgen, sondern sie zerstören auch langsam, aber sicher Ihr Leben. Sie wecken negative Gefühle in Ihnen, die sich nicht nur in einer schlechten seelischen Verfassung, sondern auch in körperlichen Problemen und Erkrankungen niederschlagen.

Schließlich ist es kein Geheimnis, dass Magengeschwüre, Herzerkrankungen, Bluthochdruck, Verdauungsstörungen, Migräne und andere psychosomatische Krankheiten oft auf Stress und Ängste zurückzuführen sind, und diese Ängste entstehen durch negative Einstellungen.

Ärzte sind zum Beispiel der Ansicht, dass Zorn und Feindseligkeit den Blutdruck erhöhen, während Ressentiments und Depressionen das Immunsystem schwächen. Eine pessimistische Lebenseinstellung kann also nicht nur auf Ihr geistiges, sondern auch auf Ihr körperliches Wohlbefinden katastrophale Auswirkungen haben.

Ist Ihnen schon einmal aufgefallen, dass die meisten Menschen, die sich ständig über irgendetwas beklagen, häufiger krank sind? Martin Seligman, Professor an der Universität von Pennsylvania, sagt, dass Pessimisten öfter Infektionen und chronische Krankheiten bekommen und dass ihr Immunsystem nicht so gut funktioniert wie bei Menschen, die eine positive, optimistische Lebenshaltung haben. Eine an der Harvard-Universität durchgeführte wissenschaftliche Studie hat ergeben, dass Menschen, die bereits im Alter von 25 Jahren eine pessimistische Lebenseinstellung entwickelt haben, zwischen dem 40. und 50. Lebensjahr mehr Krankheiten bekommen als andere.

Welche positiven Auswirkungen kann es für Sie haben, wenn Sie den Pessimismus aus Ihrem Leben verbannen? Eine Antwort auf diese Frage findet sich vielleicht in den Ergebnissen einer Studie, die Wissenschaftler am King's College Hospital in London durchführten. Die Forscher untersuchten 57 Frauen, die an Brustkrebs litten und denen eine Brust amputiert worden war, und kamen zu folgenden überraschenden Erkenntnissen: Sieben von zehn Patientinnen, die nach Aussagen ihrer Ärzte viel »Kampfgeist« besaßen, führten zehn Jahre später ein ganz normales Leben. Vier von fünf Frauen dagegen, bei denen die Ärzte der Ansicht waren, dass sie »die Hoffnung verloren und sich mit dem Schlimmsten abgefunden hatten«, waren bereits kurz nach ihrer Diagnose verstorben.

Sie sehen also: Eine Kuh kann nicht nur Ihre Sichtweise des Lebens verdüstern und Ihr emotionales Wohlbefinden beeinträchtigen, sondern sogar Ihrer Gesundheit schaden und Ihr Leben verkürzen.

Und jetzt kommt die gute Nachricht: Auch wenn wir uns von unserem Umfeld und unseren Mitmenschen darauf konditionieren ließen, ein mittelmäßiges Leben zu akzeptieren, können wir unsere Einstellung jederzeit ändern und unser Gehirn auf Erfolg umprogrammieren.

Falsche Vorstellungen sind wie ein Gefängnis

Die falschen Vorstellungen, die uns am allermeisten lähmen, ranken sich um unsere persönlichen Möglichkeiten und Fähigkeiten. Solche Vorstellungen können uns in einer Welt gefangen halten, in der wir blind für unsere eigenen Talente und Fähigkeiten sind. Falsche Vorstellungen davon, was wir im Leben erreichen oder nicht erreichen können, berauben uns einer unserer größten Freiheiten: der Freiheit, das volle Potenzial, das in uns steckt, ans Tageslicht zu befördern und zu verwirklichen.

Wenn Sie glauben, dass Sie keinen Erfolg haben werden, weil Sie nicht die richtige Ausbildung genossen haben, dann wird diese Überzeugung bestimmt Ihr ganzes Leben, Ihre Erwartungen, Entscheidungen und Ziele und Ihre gesamte Lebenseinstellung beherrschen. Diese Vorstellung ist wie ein mentales Programm, das Ihr Handeln bestimmt, eine niedrige Erwartungshaltung erzeugt und alles untergräbt, was Sie in Ihrem Leben eigentlich erreichen könnten. Wie kann sich eine solche Idee in unserem Gehirn festsetzen und unseren geistigen Horizont einschränken? Wie entsteht sie und wie gelingt es ihr, Kontrolle über unser Leben zu gewinnen?

Es beginnt damit, dass wir falsche Schlussfolgerungen ziehen, die auf irrtümlichen Prämissen beruhen. Und das funktioniert so:

Erste Prämisse: Meine Eltern sind nie zur Schule gegangen.
Zweite Prämisse: Meine Eltern haben im Leben nicht viel erreicht.
Schlussfolgerung: Da ich ebenfalls keine gute Schulausbildung genossen habe, werde ich wahrscheinlich auch nicht viel erreichen.

Sehen Sie, was für verheerende Auswirkungen diese Verallgemeinerung hat? Menschen können mit ihren inneren Dialogen sehr destruktive Teufelskreise erzeugen.

Wenn Sie sich selbst für unfähig halten, werden die Menschen in Ihrem Umfeld Sie garantiert genauso sehen. Wenn Sie diese angebliche Inkompetenz in die Welt hineinprojizieren, wird man Sie auch dementsprechend behandeln, und das bestätigt Sie dann wiederum darin, was Sie ja sowieso schon wussten: dass Ihre Situation hoffnungslos ist.

In Wirklichkeit hat aber die Tatsache, dass Ihre Eltern im Leben nicht viel erreicht haben, nur sehr wenig oder gar nichts mit ihrer Schulausbildung zu tun. Wahrscheinlich haben Ihre Eltern unbewusst auch irgendwelche Kühe mit sich herumgeschleppt. Und selbst wenn ihre Erfolglosigkeit tatsächlich auf ihre schlechte Schulausbildung zurückzuführen sein sollte, bedeutet das noch lange nicht, das Sie zum gleichen Schicksal verdammt sind. Also achten Sie auf Ihre inneren Dialoge!

Als Joe Ferrer nach Australien auswanderte, um dort ein neues Leben zu beginnen, jagte ihm die Aussicht, womöglich einen Job annehmen zu müssen, für den er nicht ausgebildet war, Angst und Schrecken ein. Schließlich hatte er viele Jahre studiert, um den von ihm gewählten Beruf ausüben zu können.

Obwohl der Beruf, den er erlernt hatte, in seiner neuen Heimat nicht sehr gefragt war, flößte ihm der Gedanke, sich in ein neues Gebiet hineinzuwagen, große Zukunftsängste ein. Lange Zeit hielten diese Ängste ihn davon ab, sich beruflich neu zu orientieren. Natürlich gab es auch andere Berufe, die ihm Spaß gemacht hätten. Aber was würden seine Eltern und Freunde von ihm denken, wenn sie erfuhren, dass er seine ursprüngliche Tätigkeit an den Nagel gehängt hatte?

Wenn er sich beruflich neu orientierte, bedeutete das in seinen Augen außerdem, dass sein jahrelanges Studium nur Zeitverschwendung gewesen war. Dieser Gedanke verstärkte seine Ängste noch. Und was sollte werden, wenn er den falschen Weg einschlug? Diese Überzeugung, dass jeder bei dem Gebiet bleiben sollte, das er studiert hat, lähmte ihn jahrelang, sodass er überhaupt keine Entscheidung treffen konnte. Erst als ihm klar wurde, welche katastrophalen Auswirkungen seine Einstellung (die zudem auf einer falschen Prämisse beruhte) auf ihn hatte, unternahm er endlich die nötigen Schritte, um beruflich weiterzukommen.

In einer Zeit der globalen Märkte, des Personalabbaus und mobiler Arbeitskräfte stehen immer mehr Menschen vor einer solchen Entscheidung. Und vielen von ihnen macht die Vorstellung, einen anderen Beruf ausüben zu müssen als den, für den sie ausgebildet wurden, Angst – so wie es Joe anfangs auch ergangen ist. Diese Angst ist ganz besonders gefährlich, denn wissenschaftliche Untersuchungen deuten darauf hin, dass heutzutage Menschen in ihrem Leben durchschnittlich sieben berufliche Veränderungen durchlaufen.

Zum Glück hat Joe sich entschlossen, seine Angst zu überwinden – seine Kuh zu schlachten – und sich in einem ganz neuen beruflichen Feld zu versuchen. Dank seiner

Entschlossenheit hat er nicht nur eine neue Tätigkeit gefunden, die seinen Neigungen und Fähigkeiten entgegenkommt, sondern darin auch innerhalb kurzer Zeit große Erfolge erzielt. Er genießt sein Berufsleben jetzt mehr denn je.

Viele Menschen haben Angst vor allem Neuen, Unbekannten. Manchmal hält diese Angst uns davon ab, selbst an den einfachsten neuen Dingen Vergnügen zu finden. Wir scheuen uns zum Beispiel, neue Gerichte auszuprobieren, fremde Kulturen zu erforschen oder uns auf ein neues Hobby einzulassen. Immer nur auf Nummer sicher zu gehen, schränkt unser Wachstumspotenzial ein und erzeugt viele irrationale Ängste.

> »Schuster, bleib bei deinem Leisten!«, »Verändere niemals etwas, das gut funktioniert«, »Was nicht kaputt ist, braucht auch nicht repariert zu werden« oder die bereits erwähnte Redensart »Lieber den Spatz in der Hand als die Taube auf dem Dach« – all diese bekannten Sprüche halten uns davon ab, den bequemen Bereich des bereits Bekannten, Altvertrauten zu verlassen.

Doch die scheinbare Sicherheit dieses Bekannten kann und wird uns daran hindern, vielleicht schon längst überfällige berufliche Veränderungen in Angriff zu nehmen oder destruktive Beziehungen zu beenden – und das alles nur aus lauter Angst, dass es uns hinterher noch schlechter gehen könnte als vorher.

Was lernen wir daraus? Wir müssen uns fragen, ob die Ängste, Sorgen und Ungewissheiten, mit denen wir uns herumschlagen, ein Ergebnis falscher Vorstellungen sind, die wir im Lauf der Zeit entwickelt haben. Akzeptieren Sie niemals irgendwelche Grenzen, ohne sich zu fragen, ob sie auch wirklich auf wahren Prämissen beruhen. Denken Sie daran: Man wird stets zu dem Menschen, für den man sich hält. Wenn Sie glauben, Erfolg haben zu können, dann werden Sie auch Erfolg haben. Wenn Sie dagegen an Ihren eigenen Misserfolg glauben, haben Sie schon verloren. Die Entscheidung liegt bei Ihnen!

Der Fluch des Konformismus

Wenn wir eine schlechte Angewohnheit oder falsche Einstellung rechtfertigen oder entschuldigen können, werden wir wahrscheinlich gar nicht erst versuchen, etwas daran zu ändern. Und zwar aus einem ganz einfachen Grund: Solange wir rationale Erklärungen für bestimmte Umstände finden können – zum Beispiel, dass *das Leben nun einmal so ist* oder dass wir *keine Kontrolle über die Situation haben*, sehen wir auch keine Notwendigkeit, etwas dagegen zu tun. Was nicht kaputt ist, braucht schließlich auch nicht repariert zu werden …

Die Menschen finden mithilfe ihrer inneren Schweinekuh ziemlich viele Rechtfertigungen und scheinbar rationale Begründungen für ihren schlechten Gesundheitszustand, ihre unglücklichen Beziehungen oder ihr mangelndes Geschick im Umgang mit ihren Kindern. Wir klagen, stöhnen und beschweren uns über die Dinge, die uns ärgern, unternehmen aber nichts, um sie zu ändern. Stattdessen suchen wir lieber nach einer guten Ausrede, um zu erklären, warum wir nichts dagegen tun können.

»Ich wünschte, ich könnte mehr für meine Gesundheit tun, aber ich habe einfach keine Zeit dazu.« Oder: »Die medizinische Versorgung ist zu teuer.« Oder: »Ich habe kein Vertrauen zu Ärzten.«

Diese fadenscheinigen Ausreden genügen vielen Leuten völlig, um ihren schlechten Gesundheitszustand zu erklären. Doch keine dieser Entschuldigungen wird Ihre Krankheit heilen oder Ihnen helfen, mehr für Ihre Gesundheit zu tun.

In anderen Lebensbereichen läuft es genauso. Eine beliebte Ausrede, mit der Eltern erklären, warum sie nicht mehr Zeit mit ihren Kindern verbringen, lautet: »Wenn ich von der Arbeit nach Hause komme, bin ich einfach zu müde. Ich würde ja gerne mehr Zeit für meine Kinder haben, aber schließlich muss ich hart arbeiten, um ihnen später einmal ein besseres Leben zu ermöglichen. Auf diese Weise zeige ich ihnen auch meine Liebe. Ich hoffe, sie haben Verständnis dafür.« Das klingt überhaupt nicht wie eine faule Ausrede, stimmt's? Und genau das ist das Problem, das wir mit den meisten Kühen haben: Sie klingen so glaubwürdig und vernünftig, dass scheinbar gar keine Notwendigkeit besteht, sie infrage zu stellen.

Manchmal versuche ich, Eltern klarzumachen, dass das eine falsche Vorstellung ist, und dann kommen sie mir mit einer noch größeren Kuh: »Es kommt nicht auf die Quantität, sondern auf die Qualität der Zeit an.« Diese Rechtfertigung klingt so gut, dass sie uns eigentlich fast völlig der Notwendigkeit enthebt, uns mit unseren Kindern zu beschäftigen. Wenn Sie diese Ausrede für wahr halten, dann glauben Sie wahrscheinlich auch, dass die fünf Minuten am Tag, die Sie mit Ihren Kindern verbringen, »qualitativ hochwertige Zeit« sind. Sehen Sie nicht, was für eine Gefahr hinter dieser Einstellung lauert? In Wirklichkeit ist die Menge an Zeit, die wir mit unseren Kindern verbringen, genauso wichtig wie deren Qualität. Und wenn ich in dieser Hinsicht wirklich zwischen Qualität und Quantität zu wählen hätte, würde ich mich für die Quantität entscheiden.

Es gibt viele Lebensbereiche, in denen Qualität allein nicht ausreicht. Falls Sie Zweifel daran haben, stellen Sie sich einmal vor, Sie gehen mit einem Freund in ein Restaurant und bestellen beide ein Steak. Der Kellner bringt Ihrem Freund ein großes, dickes, saftiges Stück Fleisch. Das, was auf Ihrem Teller liegt, sieht dagegen eher aus wie eine Kinderportion. Als Sie sich über diese ungleiche Behandlung beschweren (und das würden Sie garantiert tun), entgegnet der Kellner: »Dafür gibt es eine ganz einfache Erklärung, mein Herr: Ihr Steak ist qualitativ sehr viel hochwertiger!« Vielleicht wären in einer solchen Situation *Sie* derjenige, der dem Kellner erklären würde, dass Quantität genauso wichtig ist wie Qualität.

Als Vater von drei Kindern und nach Gesprächen mit anderen Eltern bin ich zu der Erkenntnis gekommen, dass Kinder immer mit der Zeit auskommen, die wir für sie haben, auch wenn es noch so wenig ist. Wenn wir nicht da sind, um mit ihnen zu spielen, suchen sie sich eben einen Spielkameraden oder irgendeinen anderen Zeitvertreib. Wenn wir keine Zeit haben, ihnen bei den Hausaufgaben zu helfen, erledigen sie sie allein, so gut sie eben können. Und wenn wir ihnen nicht bei der Bewältigung ihrer Probleme oder schwierigen Situationen helfen, befolgen sie den Rat eines anderen Menschen, der bereit ist, ihnen zuzuhören.

Doch eines ist sicher: Die Lebenseinstellung, das Selbstwertgefühl und der Charakter unserer Kinder wird nicht nur durch die Qualität, sondern auch durch die Quantität der Zeit geprägt, die wir ihnen widmen. Sie haben die Wahl: Sie können einen positiven Einfluss auf Ihre Kinder ausüben, der ein Leben lang anhält, oder Sie können weiterhin an der *Ich habe keine Zeit*-Kuh festhalten. Die Entscheidung liegt bei Ihnen.

Seien Sie kreativ und überlegen Sie, wie Sie sich an den Aktivitäten Ihrer Kinder beteiligen und die Kinder wiederum dazu motivieren können, auch an Ihren Aktivitäten mitzuwirken. Suchen Sie nach Gemeinsamkeiten. Interessieren Sie sich für ihre Hobbys. Stellen Sie beim Abendessen mehr Fragen. Reservieren Sie sich etwas Zeit für ein

Gespräch mit Ihren Kindern vor dem Schlafengehen. Helfen Sie ihnen bei den Hausaufgaben und bei ihren Schulprojekten. Planen Sie Wochenendaktivitäten, die Ihnen eine Chance geben, einen engeren Kontakt zu Ihren Kindern aufzubauen. Geben Sie sich nicht damit zufrieden, einfach nur ihre elementarsten Bedürfnisse zu erfüllen. Denn das, was Sie darüber hinaus tun, wird den Charakter Ihrer Kinder formen und dazu beitragen, dass sie die Wertvorstellungen und Prinzipien entwickeln, von denen sie sich in ihrem späteren Leben leiten lassen werden.

Wie Sie inzwischen gesehen haben, ist es ganz einfach, im Laufe seines Lebens jede Menge Kühe anzusammeln.

Wir tappen nur allzu leicht in die Falle unserer Rationalisierungen. Wenn wir unser Denken mit den falschen Vorstellungen programmiert haben, kann es passieren, dass wir durchs Leben gehen, ohne überhaupt zu erkennen, was für Möglichkeiten und Fähigkeiten in uns stecken. Wir können unsere ganzen Erfolgschancen sabotieren, indem wir solche Gedanken akzeptieren.

Ich frage mich oft, warum um alles in der Welt die Menschen freiwillig das Gewicht so vieler einschränkender Überzeugungen auf ihre Schultern laden, auch wenn ihnen eigentlich längst klar geworden ist, dass sie sich um ein glückliches, erfülltes Leben bringen, indem sie an ihnen festhalten. Es erscheint so unlogisch, dass wir uns an etwas klammern, was uns um unser eigenes Glück bringt. Und doch, so absurd es auch klingen mag: Viele Menschen haben sich ganz bewusst dafür entschieden, sich ihre Erfolge durch falsche Überzeugungen sabotieren zu lassen.

Ein Feind namens »Durchschnitt«

Ich habe einmal gehört, wie ein Trainer seine Mannschaft mit folgenden Worten anfeuerte: »Der Feind des Besten ist das Gute!« Ich dachte kurz über diesen Satz nach, und mir ging auf, welch große Weisheit in dieser schlichten Aussage enthalten ist. Solange wir uns mit dem Guten zufriedengeben, werden wir niemals überragende Leistungen erbringen. Der britische Schriftsteller William Somerset Maugham hat einmal gesagt: »Es ist eine komische Sache mit dem Leben – wenn man sich weigert, irgendetwas anderes außer dem Besten zu akzeptieren, dann bekommt man es sehr oft.« Das Gegenteil ist leider ebenso wahr: Wenn Sie sich mit einem durchschnittlichen Leben oder einer mittelmäßigen Existenz zufriedengeben, werden Sie wahrscheinlich auch nichts Besseres bekommen.

Manche Menschen gehen durchs Leben, ohne zu wissen, wie viele Kühe sie mit sich herumschleppen. Andere sind sich ihrer Kühe bewusst, pflegen und füttern sie aber trotzdem weiter. Warum? Weil diese Kühe ihnen ein bequemes Leben ermöglichen, in dem Mittelmaß etwas durchaus Akzeptables ist. Also hüten sie bereitwillig ihre Kuhherde, weil sie das jeder Verantwortung für ihren eigenen Erfolg enthebt und ihnen die Möglichkeit gibt, die Schuld an ihrem Missgeschick anderen Menschen oder Umständen zuzuschieben. Solche Menschen haben jeden Tag eine andere Ausrede.

Wenn wir plötzlich keine Entschuldigungen mehr für unsere eigene Mittelmäßigkeit hätten, gäbe es nur noch zwei ganz einfache Alternativen: Entweder wir müssten die volle Verantwortung für unsere Lebensumstände übernehmen und anfangen, etwas zu verändern (Erfolg!), oder wir müssten uns damit abfinden, dass wir nicht in der Lage sind, unser Leben selbst in die Hand zu nehmen (Misserfolg!). Wenn man vor diesen beiden Alternativen steht – etwas zu ändern oder sich mit dem Bestehenden abzufinden –, liegt es doch eigentlich auf der Hand, in welche Richtung man gehen sollte, oder etwa nicht?

Leider eröffnen uns Kühe aber auch noch eine dritte Option, deren Auswirkungen noch verheerender sind als jeder Misserfolg: Mittelmaß. Unsere Kühe machen uns zu Menschen, die zwar die besten Vorsätze haben, aber leider einem ungerechten Schicksal zum Opfer gefallen sind. Wir würden ja so gerne etwas Großartiges auf die Beine stellen, aber wir schaffen es einfach nicht. Wir möchten ja gern hochgesteckte Ziele erreichen, aber es gelingt uns eben nicht. Es ergibt sich nicht die richtige Gelegenheit dazu, wir haben nicht die richtigen Gene, Talente oder einfach kein Glück, und deshalb müssen wir uns wohl oder übel mit dem zufriedengeben, was wir haben.

Diese dritte Alternative – Mittelmäßigkeit – ist noch schlimmer als totaler Misserfolg. Denn wenn wir an einem absoluten Tiefpunkt angelangt sind, zwingt uns das wenigstens, intensiv über unsere Lebensumstände nachzudenken und andere Alternativen ins Auge zu fassen. Wenn man im tiefsten Tal seines Lebens angekommen ist, gibt es nur noch eine einzige Richtung: nach oben. Ein großes Unglück, ein totaler Misserfolg oder der absolute Zusammenbruch schaffen eine Situation, in der wir unbedingt etwas unternehmen müssen – auf Biegen und Brechen. Mittelmäßige Lebensumstände hingegen zwingen uns nicht zu einer solchen Entscheidung, denn sie sind immer noch erträglich – und gerade in dieser Erträglichkeit liegt ihre größte Gefahr. Leider können wir nämlich ganz gut mit dem Mittelmaß leben und uns mit der Zeit sogar daran gewöhnen.

Ich möchte Ihnen nun eine Geschichte erzählen, die ich vor einiger Zeit gehört habe und die diese typisch menschliche Eigenschaft sehr gut veranschaulicht.

> Ein Mann besuchte einmal einen alten Farmer und Jäger. Als er auf die Farm kam, fiel ihm einer der Jagdhunde des Mannes auf, der ausgestreckt auf der Veranda lag. Es war deutlich zu erkennen, dass sich der Hund in dieser Position nicht wohlfühlte. Irgendetwas störte ihn ganz offensichtlich, denn er bellte und winselte die ganze Zeit. Nachdem der Mann das ein paar Minuten lang mit angesehen hatte, fragte er den Farmer, was denn dem armen Tier solche Beschwerden bereite.

»Kümmere dich nicht um den alten Hund«, erwiderte der Farmer. »Er macht das schon seit Jahren so.«

»Bist du denn schon mal mit ihm zum Tierarzt gegangen, um herauszufinden, was ihm fehlen könnte?«, erkundigte sich der Mann.

»Warum soll ich mir die Mühe machen? Ich weiß ganz genau, was dem Hund fehlt: Er ist einfach zu faul.«

»Aber was hat das mit seinem Gewinsel zu tun?«

»Genau an der Stelle, wo der Hund liegt«, erklärte der Farmer, »ragt ein Nagel aus der Holzveranda hervor. Der Nagel bohrt sich in sein Bein und ist ihm unangenehm. Deshalb bellt und winselt er immer, wenn er hier sitzt.«

»Aber warum legt er sich denn dann nicht einfach woanders hin?«, fragte der Besucher erstaunt.

»Tja«, sagte der Farmer, »wahrscheinlich ist ihm der Nagel eben einfach nicht unangenehm genug.«

Damit sind wir dem Problem mit dem Mittelmaß auf den Grund gekommen: Vielleicht ist es uns manchmal schon lästig oder tut uns sogar weh, aber es frustriert uns eben leider nicht genug, um uns zu einer Veränderung zu bewegen.

Kennen Sie jemanden, der sich in solch einer Situation befindet? Und wie sieht es mit Ihnen selbst aus? Gibt es auch in Ihrem Leben irgendeine Situation, die Ihnen ein Dorn im Auge ist, weil sie Sie daran hindert, das Leben zu führen, das Sie eigentlich verdient hätten? Wenn das der Fall ist, sollten Sie sich jetzt entscheiden, etwas dagegen zu tun und die Kühe zu eliminieren, die der Erfüllung Ihrer Wünsche und Träume im Wege stehen.

Kapitel 4

Kühe gibt es in verschiedenen Farben

Dieses Buch hat meine Sichtweise der Welt völlig verändert. Nach seiner Lektüre habe ich mir genau überlegt, wie weit ich in meinem Leben gekommen bin, und mir ist klar geworden, dass ich viel mehr hätte erreichen können, wenn die vielen Kühe nicht gewesen wären, die es mir erlaubten, mich mit der Erfüllung kleiner Ziele zufriedenzugeben. Obwohl eigentlich eine ganze Menge in mir steckt, habe ich einen großen Teil meines Lebens mit Ausreden vergeudet. Zum Beispiel: »Meine Eltern haben mich finanziell oder emotional nicht genug unterstützt. Deshalb bin ich vor dem Abitur von der Schule abgegangen.« Als ich dann später nach Übersee auswanderte, verschanzte ich mich hinter einer anderen Kuh: »Es ist einfach zu schwierig, in einem fremden Land beruflich vorwärtszukommen«, oder: »Ausländer sind hier nun einmal nicht besonders beliebt.« Ich spielte immer die Opferrolle. Bis mir endlich klar wurde, dass es an mir selber lag, etwas an meinem Leben zu verändern. Das ist die wichtigste Lektion, die ich gelernt habe: dass es kein größeres Hindernis gibt als die Beschränkungen, die man sich selbst auferlegt.

– Lillian Inurrigaro, Mexico City (Mexiko)

Vor einiger Zeit lieferte mir ein Freund, der auf einer Farm im Westen Pennsylvanias aufgewachsen ist, eine sehr anschauliche Begründung dafür, warum manche Menschen gar nicht merken, was für negative Vorstellungen sie haben.

»Tja, Camilo«, sagte er, »Schweine wissen eben nicht, dass Schweine stinken!« (Das gilt sicherlich auch für Kühe.) Einer weiteren Erklärung bedurfte es nicht.

Hin und wieder kommt bei einem meiner Seminare jemand auf mich zu und erklärt mir mit breitem Lächeln im Brustton der Überzeugung: »Ich habe über Ihre Worte nachgedacht, Dr. Cruz, aber ich glaube wirklich nicht, dass es in meinem Leben irgendwelche Kühe gibt.« Immer wenn ich das höre, denke ich an die witzige Bemerkung meines Freundes zurück und liefere der betreffenden Person ein paar Anregungen, um sicherzugehen, dass sie auch wirklich keine »unsichtbaren« Kühe mit sich herumschleppt.

Und genau das möchte ich in diesem Kapitel auch mit Ihnen tun, indem ich Ihnen einige der häufigsten Kühe vorstelle. Ich hoffe, dass Sie diese Kühe dann künftig in Ihrem eigenen Denken erkennen und ihnen aus dem Weg gehen werden. Um mich ganz klar auszudrücken: Ich beschreibe Ihnen diese Kühe nicht, damit Sie sie in Ihr Repertoire aufnehmen können! Denn ich bin sicher, dass Sie schon genug eigene Kühe haben. Mein Ziel besteht vielmehr darin, Ihnen zu zeigen, dass es Kühe in den verschiedensten Farben gibt.

Die *Eigentlich geht es mir doch gut*-Kuh

- Eigentlich geht es mir doch gut. Es gibt viele Leute, die schlechter dran sind als ich.
- Ich hasse meinen Beruf zwar, aber heutzutage muss man froh sein, überhaupt einen Job zu haben.
- Meine Ehe ist vielleicht nicht gerade die beste, aber wenigstens streiten wir uns nicht jeden Tag.
- Wir haben vielleicht nicht besonders viel Geld, aber zumindest haben wir immer genug zu essen.
- Ich habe die Prüfung zwar nur mit knapper Not bestanden, aber wenigstens bin ich nicht durchgefallen. Vielleicht muss ich mich einfach damit abfinden, dass ich nicht so intelligent bin wie andere Leute.

Die große Gefahr der *Eigentlich geht es mir doch gut*-Kuh liegt darin, dass Menschen, die denken, dass es ihnen »eigentlich ganz gut geht«, und mit ihrer Situation einigermaßen zufrieden sind, keinen Grund sehen, irgendetwas an ihrem Leben zu verbessern. Erinnern Sie sich noch an die Worte des Trainers im letzten Kapitel? Der Feind des Besten ist das Gute!

Wenn wir eine gute Ausrede für unser Mittelmaß finden, akzeptieren wir Situationen und Umstände, die wir ohne diese Ausrede niemals tolerieren würden. Laura Dantes Leben wurde von folgender Kuh beherrscht: »Ich hasse meinen Job zwar, aber ich kann schließlich nicht einfach kündigen und wieder ganz von vorne anfangen. Und wer weiß – vielleicht finde ich ja auch gar keine bessere Stelle!«

Diese Angst fesselte sie an einen mittelmäßigen Arbeitsplatz, der ihre physische Gesundheit und ihr emotionales Wohlbefinden gefährdete. Nachdem Laura es zehn Jahre lang in diesem Job ausgehalten hatte, hatte sie plötzlich das Gefühl: Jetzt reicht's! »Die Vorstellung, den Rest meines Lebens in dieser Firma verbringen zu müssen, erschreckte mich. Aber ich wusste nicht, was ich sonst anfangen sollte. Als mir klar wurde, dass die Angst meine Kuh war«, erklärte Laura, »war ich überzeugter denn je, dass mein Job mich an ein Leben gefesselt hatte, in dem ich nie die Möglichkeit haben würde, neue Horizonte zu erkunden. Ich musste unbedingt schnell etwas unternehmen, sonst lief ich Gefahr, ein Leben lang in dieser beruflichen Sackgasse gefangen zu bleiben. Die Entscheidung fiel mir nicht leicht und ich war mir auch nicht sicher, ob sie richtig war. Trotzdem entschloss ich mich, diese Arbeitsstelle aufzugeben. Inzwischen geht es mir gesundheitlich viel besser, ich bin mehr im Einklang mit mir selbst und habe mein Selbstvertrauen wiedergewonnen. Der Stress, unter dem ich vorher stand, ist fast völlig verschwunden. Und das Interessanteste ist: Mir ist inzwischen klar geworden, dass meine Ängste völlig grundlos waren. Mittlerweile sind mir viel bessere Stellen angeboten worden, und ich konnte es mir sogar einrichten, eine Zeit lang Urlaub zu nehmen, was ich vorher nie getan hatte, weil ich befürchtete, es mir nicht leisten zu können.«

Lauras Geschichte ist nur ein Beispiel dafür, wie eine einzige Kuh eine ganze Reihe von negativen Emotionen in uns wecken und unser Leben in vielen Bereichen sabotieren kann. Aber es gibt auch eine gute Nachricht: Mit der Schlachtung *dieser einen Kuh* hatte Laura sich gleich mehrere Türen zu einem neuen Leben geöffnet.

Die *Es ist nicht meine Schuld*-Kuh

- Wenn man bedenkt, dass ich nicht studiert habe, habe ich doch eine ganze Menge erreicht. Leider waren meine Eltern nicht weitblickend genug, um mir eine gute Ausbildung zu ermöglichen.
- Ich war beruflich nie erfolgreich, weil meine Frau mich nicht in meinen Karriereplänen unterstützt hat.
- Wenn meine Eltern sich damals nicht hätten scheiden lassen, wäre mein Privatleben jetzt vielleicht nicht so eine Katastrophe.
- Dass mein Unternehmen nicht floriert, liegt an der miesen Wirtschaftslage. Warum tut unsere Regierung nicht mehr, um Unternehmer zu unterstützen?
- Ich hatte einfach immer nur schlechte Lehrer. Sie haben mich nie dazu motiviert oder ermutigt, etwas aus meinem Leben zu machen.

Auch Luis Vargas stand eine Kuh im Weg: die Vorstellung, dass er bedingungslose Unterstützung von seiner Familie brauchte, um im Leben vorwärtszukommen. »Irgendwie habe ich mein Leben lang immer nur versucht, meine Familie und meine Freunde zufriedenzustellen«, sagt Luis. »Jedes Mal, wenn ich ein neues Projekt in Angriff nahm, war ich innerlich schon auf ihre Missbilligung und ihre ungebetenen Ratschläge und Empfehlungen gefasst: ›Du bist wohl verrückt. Wie kannst du deinen sicheren Job aufgeben und dich in so ein Abenteuer stürzen? Sei doch nicht so undankbar. Denk an die vielen Leute, die arbeitslos sind. Und außerdem: Du hast doch überhaupt keine Ahnung vom Geschäftsleben! Ein langweiliger Job ist immer noch besser als gar keiner.‹

Ich wollte schon immer ein eigenes Unternehmen gründen. Aber mir stand nicht nur die ständige Kritik meiner Freunde und Angehörigen im Weg, sondern ich befand mich zu allem Überfluss auch noch in einer Situation, die sehr leicht mein schlimmstes Hindernis werden konnte: Ich hatte nämlich einen durchaus erträglichen Job, der mir finanzielle Sicherheit und ein überdurchschnittlich hohes Gehalt bot, und mein Chef war ein prima Kerl. Aber ich hatte einfach zu hohe Ambitionen, um mit dieser Stellung zufrieden sein zu können.

Ein sogenannter guter Job war also meine größte Kuh, und ich war bereit, sie mir vom Hals zu schaffen. Schließlich nahm ich meinen ganzen Mut zusammen und beschloss, mein eigenes Unternehmen aufzubauen. Und wenn mich jemand deswegen kritisierte, stellte ich mich einfach taub.

Inzwischen ist ein halbes Jahr vergangen, und es ist alles viel besser gelaufen, als ich erwartet hatte. Viele Freunde, die mich anfangs von diesem Abenteuer abhalten wollten, ermutigen mich inzwischen sogar, weiterzumachen. Manche Dinge kann man wohl nur dann herausfinden, wenn man bereit ist, Risiken einzugehen.«

Ich kann mich gut in Luis' Situation hineinfühlen. Auch ich hatte eine ganze Reihe »guter Jobs«, ehe ich vor über 15 Jahren beschloss, mich selbstständig zu machen. Jeder dieser Jobs hätte mich davon abhalten können, mich auf ein so riskantes Abenteuer wie die Gründung eines eigenen Unternehmens einzulassen, und das auch noch in einer Branche, von der ich damals noch keine Ahnung hatte. Doch inzwischen habe ich längst begriffen, dass ein »guter Job« uns manchmal daran hindern kann, etwas ganz Besonderes zu erreichen – so wie die Kuh in der eingangs erzählten Geschichte.

Es gibt einen guten Grund, die *Es ist nicht meine Schuld*-Kuh zu schlachten: Wenn Sie es sich genau überlegen und wirklich ehrlich mit sich selbst sind, werden Sie zugeben, dass Sie sich fast alles, was in Ihrem Leben passiert, selbst zuzuschreiben haben. Es liegt nicht an Ihren Eltern, Ihrem Chef, der Wirtschaftslage oder irgendetwas anderem, sondern an Ihnen. Selbst unsere negativen Emotionen (an denen wir in der Regel anderen Menschen die Schuld geben) sind unser eigenes Werk. Das folgende Zitat, das Eleanor Roosevelt zugeschrieben wird, bringt diese Idee vielleicht am besten zum Ausdruck: »Niemand kann uns ohne unser Einverständnis ein Gefühl der Minderwertigkeit geben.«

Aus demselben Grund können Sie der Kritik eines Freundes nicht die Schuld daran zuschieben, dass Sie so frustriert sind – es sei denn, Sie sind bereit, der Kritik dieser Person mehr Bedeutung beizumessen als Ihrer eigenen Meinung und Ihrem eigenen Selbstbild. Und ein verregneter Tag kann Sie auch nicht deprimieren oder Ihre Pläne über den Haufen werfen (wie es leider bei vielen Menschen der Fall ist), wenn Sie das Wetter nicht als Faktor akzeptieren, der Ihre Gefühle bestimmt. Sie sehen: Es liegt immer an Ihnen, was Sie aus einer Situation machen!

Die *Falsche Vorstellungen*-Kuh

- Mein Vater war Alkoholiker. Also steht mir wahrscheinlich ein ähnliches Schicksal bevor.
- Ich will gar nicht so viel verdienen. Geld verdirbt ja doch nur den Charakter.
- Da ich nicht studiert habe, wird aus mir wahrscheinlich auch nicht viel werden.

Das können sehr gefährliche Kühe sein, und zwar aus einem ganz einfachen Grund: Falsche Vorstellungen sind unwahre Aussagen, die wir aus irgendeinem Grund irgendwann einmal als Wahrheit akzeptiert haben.

Nach dem Riesenerfolg seines Films *Rocky* fragte man Sylvester Stallone in einem Interview nach einer bestimmten Szene in dem Film. In dieser Szene sagt Rocky: »Mein Vater, der selbst nicht besonders viel auf dem Kasten hatte, hat immer gesagt, ich sei nicht mit viel Hirn auf die Welt gekommen, also solle ich mich lieber auf meinen Körper verlassen.«

Stallone, der das Drehbuch für diesen Film geschrieben hat, gab zu, dass sein Vater ihm das früher auch immer eingeredet hatte. Und lange Zeit hatte er tatsächlich daran geglaubt. Diese falsche Vorstellung hatte seinen Horizont eingeengt und ihm den Blick auf seine wahren Möglichkeiten und Fähigkeiten verstellt. Erst als er endlich aufhörte, den Worten seines Vaters Glauben zu schenken, und stattdessen anfing, an sich selbst zu glauben, begann sich sein Leben zu verändern.

Interessanterweise antwortet seine künftige Frau Adrian Rocky in diesem Film: »Meine Mutter hat mir genau das Gegenteil erzählt. Sie sagte immer: ›Du hast leider keinen besonders schönen Körper, also solltest du dich bemühen, etwas aus deinem Gehirn zu machen.‹«

An sich selbst zu glauben, bedeutet nichts anderes, als seine eigenen Stärken und Talente zu erkennen, zu akzeptieren und optimal einzusetzen.

Falsche Überzeugungen können Sie zu einem Leben in ewigem Mittelmaß verdammen, wenn Sie sie nicht infrage stellen. Es hat eine ungeheuer befreiende Wirkung, solche Kühe aus seinem Leben zu verbannen. Das wird Ihnen die

Augen für eine Welt voller neuer, unerwarteter Chancen öffnen.

Die *Das ist wirklich keine Ausrede*-Kuh

- Ich würde ja gerne mehr Sport treiben, aber da, wo ich wohne, gibt es leider keine Fitnessstudios.
- Ich möchte nichts Neues anfangen, solange ich innerlich nicht bereit bin, mich hundertprozentig dafür zu engagieren.
- Ich würde gern mehr lesen, aber ich habe einfach keine Zeit dazu.
- Ich will erst dann damit anfangen, wenn ich genau weiß, wie man es absolut richtig macht.

Joseph hält sich für einen Perfektionisten. Meiner Meinung nach ist Perfektionismus eine der schlimmsten Kühe, die es gibt – und zwar aus einem ganz einfachen Grund: Immer alles perfekt machen zu wollen, ist eine Kuh im Gewand einer wünschenswerten Eigenschaft. In dieser trügerischen Verkleidung wirkt sie eigentlich gar nicht wie eine schlechte Angewohnheit, sondern eher wie eine Tugend.

»Wenn ich etwas mache, dann mache ich es richtig – oder lieber gar nicht. Ich bin nun einmal so.« Wer könnte gegen so eine Aussage schon etwas einwenden? Es klingt ganz nach dem Standpunkt eines verantwortungsbewussten, engagierten Menschen, der sich immer nur mit dem Besten zufriedengibt. Das Problem ist nur, dass diese Einstellung bei vielen Menschen auch nur eine Ausrede ist wie viele andere. Sie lähmt uns, indem sie uns das Gefühl gibt, niemals gut genug auf eine Aufgabe vorbereitet zu sein. In Wirklichkeit kann man eine Aufgabe aber nur gut bewältigen, indem man bei dem Punkt beginnt, an dem man gerade steht, und sich dann darin übt und dabei auch Risiken eingeht.

Ihre Devise sollte also eigentlich lauten: »Wenn ich etwas tue, gebe ich mich damit zufrieden, es am Anfang vielleicht auch ein bisschen schlechter zu machen – so lange, bis ich gelernt habe, wie man es richtig macht.« Also fangen Sie so bald wie möglich damit an! Beginnen Sie da, wo Sie jetzt gerade stehen.

Josephs Perfektionismus hörte sich folgendermaßen an: »Ich lege in allen Dingen Wert auf Qualität: bei dem, was ich kaufe, bei den Dienstleistungen, die ich in Anspruch nehme, und auch bei dem Verhalten und den Leistungen meiner Mitmenschen. An mich selbst stelle ich besonders hohe Anforderungen. Ich lege höhere Maßstäbe an mich an als an andere Menschen.

Natürlich«, erklärte er mir, »hatte ich diese Erwartungshaltung auch gegenüber meiner Frau und meinen Kindern. Und ich setzte meinen Sohn so sehr unter Druck, alles perfekt machen zu müssen, dass er nur noch negatives Feedback von mir erhielt. Ständig schimpfte und kritisierte ich ihn. Immer wies ich ihn auf seine Fehler und Schwächen hin. Mit der Zeit verschlechterte unsere Beziehung sich dadurch immer mehr. Mein Sohn stand ständig unter Stress. Ohne es zu merken, reichte ich diese entsetzliche Kuh, die ich da mit mir herumschleppte, an ihn weiter, und er begann, mir das übel zu nehmen.

Inzwischen habe ich Gott sei Dank begriffen, dass ich von meinen Kindern keine perfekten Leistungen fordern muss, um ihnen klarzumachen, wie wichtig es ist, stets sein Bestes zu geben. Und wissen Sie was? Seit ich nicht mehr so großen Druck auf meinen Sohn ausübe, hat er selbst gemerkt, dass man sich niemals mit etwas Mittelmäßigem zufriedengeben sollte. Und genau das wollte ich ihm ja eigentlich beibringen.«

Denken Sie daran: Immer wenn Sie so etwas Ähnliches sagen wie: »Ich würde ja gerne …, aber …«, kommt nach diesem »Aber« mit Sicherheit eine Kuh.

Die *Ich bin ja so machtlos*-Kuh

- Ich war eigentlich noch nie besonders gut in solchen Dingen.
- Es kann nun mal nicht jeder Mensch Erfolg haben.
- Ich glaube, meine Gewichtsprobleme sind genetisch bedingt. Dagegen kann man nichts machen.
- Die schlechten Angewohnheiten, die man schon als Kind angenommen hat, lassen sich nur schwer wieder ablegen.

- Ich bin einfach zu schüchtern. Ich glaube, das liegt bei uns in der Familie.

Die meisten Begrenzungen, denen wir unterworfen zu sein glauben, sind in Wirklichkeit nur absurde, falsche Vorstellungen von unseren eigenen Fähigkeiten.

Als die Originalausgabe dieses Buches in spanischer Sprache erschien, forderten wir unsere Leser auf, uns mitzuteilen, von welchen Kühen sie sich mithilfe dieses Buches befreit hatten. Als Beispiel möchte ich Ihnen gern die Geschichte von Rodrigo erzählen, einem jungen Mann, der uns aus Argentinien schrieb, um uns die Geschichte seines Sieges über eine riesengroße Kuh in seinem Leben zu erzählen. Jemandem, der sich bemüht, eine Sucht zu überwinden oder eine destruktive Beziehung zu beenden, mag diese Kuh vielleicht nicht so bedeutsam erscheinen. Aber ich glaube, vielen Leuten, die ihr Leben von der *Ich bin ja so machtlos*-Kuh regieren lassen, wird diese Geschichte bekannt vorkommen.

Rodrigos Kuh lautete: »Ich bin ein furchtbar schlechter Tänzer.« »Nachdem ich dieses Buch gelesen hatte«, schrieb Rodrigo mir, »wurde mir klar, dass ich niemals besser tanzen lernen würde, wenn ich nichts dafür tat. Also beschloss ich, mich zu einem Tanzkurs anzumelden. Ich entschied mich für Salsa, einen Rhythmus, der mir vollkommen fremd ist. Am Anfang kam ich mir dabei schon ein bisschen komisch vor. Es dauerte eine Weile, bis ich lockerer wurde, doch nach dieser schwierigen Anlaufzeit gelang mir das Tanzen mühelos. Inzwischen bin ich, glaube ich, schon ein ziemlich guter Tänzer.«

Akzeptieren Sie niemals irgendwelche Grenzen, ohne sie vorher infrage gestellt zu haben! Ich hielt einmal einen Vortrag zu diesem Thema vor einer Gruppe von Studenten, und um ihnen klarzumachen, was ich damit meinte, fragte ich einen von ihnen, ob er ein guter Freiwerfer sei. »Oh nein«, wehrte er wie aus der Pistole geschossen ab. »Ich kann überhaupt nicht Basketball spielen.«

»Haben Sie es denn schon mal probiert?«, fragte ich ihn.

»Nein! Noch nie.«

»Woher wollen Sie denn dann wissen, dass Sie nicht gut darin sind? Vielleicht sind Sie ein Naturtalent. Vielleicht ist es viel einfacher, als Sie denken.«

Da begriffen plötzlich alle Studenten, was ich meinte. Man kann doch nicht einfach davon ausgehen, etwas nicht zu können, wenn man es noch nie versucht hat! Nur indem wir etwas tun, lernen wir etwas dazu und sammeln Erfahrungen. Wenn Sie die *Ich bin ja so machtlos*-Kuh schlachten möchten, müssen Sie also die Ärmel hochkrempeln.

Als ich dieses Kapitel schrieb und dabei unwillkürlich an Rodrigo mit seinen schlechten tänzerischen Fähigkeiten oder an den jungen Mann denken musste, der so eine negative Meinung von seinem Geschick als Basketballspieler hatte, stieß ich rein zufällig auf ein Sprichwort, von dem ich glaube, dass es dieser pessimistischen Erwartungshaltung zugrunde liegt. Dieses einfache Sprichwort vermittelt uns einen guten Einblick in die Denkweise von Menschen, die keine Risiken eingehen wollen und sich von der *Ich bin ja so machtlos*-Kuh den Blick auf die Möglichkeiten und Fähigkeiten verstellen lassen, die in ihnen schlummern. Das Sprichwort lautet: »Lieber schweigen und für dumm gehalten werden, als den Mund aufmachen und alle Zweifel darüber beseitigen.«

Das Tragische an dieser Lebensphilosophie ist die stillschweigende Annahme, dass wir unbegabt sind, dass alles, was wir versuchen, von vornherein zum Scheitern verurteilt ist und wir uns damit höchstens blamieren würden. Diese Überzeugung hielt Rodrigo davon ab, es mit dem Tanzen zu versuchen – so lange, bis er sich eines Tages sagte: Warum soll ich es nicht doch einmal probieren?

Die *philosophischen* Kühe

- Dabei sein ist alles. Es kommt nicht darauf an, ob man gewinnt oder verliert.
- Wenn Gott möchte, dass ich erfolgreich bin, wird er mir den Weg zum Erfolg schon zeigen. Ich muss einfach nur Geduld haben.
- Ich wurde eben leider nicht mit einem silbernen Löffel im Mund geboren.
- Erfolg hängt nicht davon ab, wie viel man weiß, sondern ob man die richtigen Leute kennt – und ich habe nun mal keine guten Beziehungen.

- Die Reichen werden immer reicher und die Armen immer ärmer.

Solche Einstellungen bezeichne ich als *philosophische* Kühe, weil sie veranschaulichen, hinter welch scheinbar tiefgründigen Floskeln wir uns verschanzen, damit unsere Ausreden nicht so sehr nach – na ja, eben nach Ausreden klingen.

Ein Bekannter von mir führt ständig den berühmten Spruch von den fehlenden Beziehungen an, um zu erklären, warum er beruflich nichts erreicht hat. In seinen Augen spielt es gar keine Rolle, dass er seit seinem Abschluss keinen einzigen Fortbildungskurs belegt hat, um in seinem Beruf auf dem Laufenden zu bleiben, und dass er auch niemals freiwillig etwas tut, das über seine offizielle Tätigkeitsbeschreibung hinausgeht. Seiner Meinung nach steckt er nur deshalb in einer beruflichen Sackgasse, weil er eben einfach nicht die richtigen Leute in seiner Firma kennt.

Carla hielt ihre Kuh (*Dabei sein ist alles. Es kommt nicht darauf an, ob man gewinnt oder verliert.)* eigentlich für eine ganz vernünftige Lebensphilosophie. Sie scheint tatsächlich einige ganz noble Charakterzüge zu haben. Erst wenn man sie genauer unter die Lupe nimmt, erkennt man, was für Konsequenzen es hat, eine solche Kuh mit sich herumzuschleppen.

Wie kann man sein wahres Potenzial entfalten und nutzen, wenn man glaubt, dass Gewinnen und Verlieren im Grunde genommen ein und dasselbe sind? Manchen Zuhörern wird sehr unbehaglich zumute, wenn ich in meinen Seminaren auf dieses Thema zu sprechen komme. Denn bei vielen Menschen ist diese Maxime so tief in ihrem Unterbewusstsein verankert, dass sie es geradezu für unanständig halten, dem Gewinnen so große Bedeutung beizumessen. Manche Leute sind sogar der Meinung, die Wichtigkeit des Gewinnens werde viel zu sehr überschätzt.

Es kommt mir gar nicht darauf an, dogmatisch meinen Standpunkt zu vertreten. Ich möchte nur, dass Sie Ihre Einstellungen daraufhin überprüfen, ob sie Ihnen weiterhelfen oder schaden.

In einem meiner Seminare stellte ich die Frage: »Wenn es gar nicht darauf ankommt, ob man gewinnt oder verliert, wie vielen von Ihnen wäre es denn dann egal, ob Sie im Spiel des Lebens die Verliererrolle spielen oder nicht?« Kein einziger Seminarteilnehmer hob die Hand.

Sie sehen: Wenn es beim Gewinnen oder Verlieren nur um eine Partie Schach geht, ist es vielleicht tatsächlich nicht so wichtig, ob man den Sieg davonträgt oder nicht. Doch wenn die Verwirklichung unserer Träume und Ziele oder unser Lebensglück auf dem Spiel steht, sollten wir uns nicht so leicht mit der Möglichkeit des Verlierens abfinden.

Und wenn man sich solch eine negative Einstellung erst einmal in einem bestimmten Bereich zu eigen gemacht hat, neigt man dazu, sich früher oder später in seinem ganzen Leben von diesem Prinzip leiten zu lassen. Das ist das größte Problem mit den *philosophischen* Kühen.

Ehe Sie sich ein neues Lebensprinzip zu eigen machen, sollten Sie erst einmal darüber nachdenken, woher diese Lebensweisheit überhaupt stammt. Wer hat den Spruch vom Gewinnen oder Verlieren Ihrer Ansicht nach zum ersten Mal in die Welt hinausposaunt? Ganz bestimmt war es kein Gewinnertyp! Ich glaube, mit dieser Kuh haben wir dem Mittelmaß ein ganz besonders imposantes Denkmal gesetzt.

Carla war ganz unbewusst der tröstlichen Vorstellung zum Opfer gefallen, dass es in Wirklichkeit gar nicht so sehr darauf ankommt, ob man etwas richtig macht, sondern nur darauf, dass man die besten Absichten hat. »Diese absurde Idee sabotierte alle meine Bemühungen und dämpfte meinen Kampfgeist«, erinnerte Carla sich später. Zum Glück ist es ihr inzwischen gelungen, diese Kuh über Bord zu werfen. Jetzt verfolgt sie eine ganz andere Strategie: Wenn sie nicht die Resultate erzielt, die sie erwartet hatte, versucht sie herauszufinden, was falsch gelaufen ist, ändert ihre Taktik, bittet andere Leute um Unterstützung und versucht es noch einmal. Sie tut alles, was getan werden muss, um ihre Ziele zu erreichen – natürlich nur unter der Voraussetzung, dass es nicht gegen ihre Prinzipien und Wertvorstellungen verstößt. Bravo!

Die *Selbstbetrugs*-Kuh

> - Ich könnte jederzeit mit dem Rauchen aufhören. Ich wollte bisher nur nicht.
> - Es stimmt nicht, dass ich bestimmte Aufgaben immer hinausschiebe. Ich kann einfach unter Druck besser arbeiten.
> - Ich habe kein Gewichtsproblem. Ich bin nur ein bisschen mollig.
> - Ich schimpfe doch gar nicht mit meinen Kindern. Das ist eben meine Art, ihnen meine Liebe zu zeigen.
> - Ich bin kein Alkoholiker. Noch nie was von Gesellschaftstrinken gehört?

Haben Sie hinter all diesen Aussagen einen gemeinsamen Nenner entdeckt?

Mit all diesen Sprüchen machen wir uns vor, dass wir eigentlich gar kein Problem haben – und wenn, dann nur ein ganz kleines oder eines, gegen das wir sowieso machtlos sind. Meistens haben solche Ausreden etwas damit zu tun, dass wir eine schlechte Angewohnheit – beispielsweise Rauchen, Trinken, übermäßiges Essen oder die Unsitte, jede Aufgabe bis zur letzten Sekunde hinauszuschieben – nicht ablegen wollen oder können.

Vor einiger Zeit erhielt ich eine E-Mail von Carmen, einer jungen Dame, die mir erzählen wollte, wie es ihr endlich gelungen ist, ihr Gewichtsproblem in den Griff zu bekommen.

Um sich nicht mit ihrem Übergewicht auseinandersetzen zu müssen, hatte diese Frau sich gleich eine ganze Herde von Kühen angeschafft, die sie über ihr unattraktives Äußeres hinwegtrösteten: »Ich bin gar nicht dick, ich bin nur ein bisschen stämmiger.«, »Das habe ich von meinen Eltern geerbt.«, »Ich habe eben einen kräftigen Körperbau.«, »Schließlich kann ich nichts dafür, dass ich aus einer Familie komme, in der alle Leute ziemlich mollig waren!«

Doch leider war im Grunde ihres Herzens keine dieser Ausreden ein Trost für sie, denn sie fühlte sich trotzdem unwohl mit ihrem Übergewicht. Und eines Tages wurde Carmen klar: Solange es irgendetwas oder irgendjemanden gab, dem sie die Schuld für ihr Übergewicht zuschob, würde sie niemals abnehmen und sich folglich auch nie fit fühlen und mehr Selbstvertrauen gewinnen. Also beschloss sie, etwas zu unternehmen.

»Ich nahm mir vor, diese Kuh für immer aus meinem Leben zu verbannen. Seitdem gehe ich regelmäßig schwimmen und mache Wassergymnastik. Außerdem ernähre ich mich inzwischen viel ausgewogener. Jetzt weiß ich, dass ich mein Ziel erreichen werde. Ich fühle mich körperlich schon viel fitter, und ich bin sicher, dass ich bald so aussehen werde, wie ich es mir wünsche!«

Herzlichen Glückwunsch!

Alle Kühe, die ich Ihnen in diesem Kapitel beschrieben habe, haben eines miteinander gemeinsam: Sie halten uns in einem mittelmäßigen Leben gefangen. Wenn Sie Ihre

Kühe schlachten möchten, müssen Sie zunächst einmal diese Redewendungen aus Ihrem Vokabular streichen. Ihre Ausdrucksweise haben Sie schließlich unter Kontrolle. Sie müssen es nur wollen – die Entscheidung liegt bei Ihnen!

Kapitel 5

Wo kommen Kühe eigentlich her?

Als kleines Mädchen war ich ziemlich dünn, doch als Teenager begann ich zuzunehmen. Nach dem Abitur hörte ich auf, Sport zu treiben, und verschanzte mich hinter der Ausrede, keine Zeit mehr dafür zu haben. Ich wurde süchtig nach Essen und mit der Zeit sah man mir die Pfunde, die ich zugenommen hatte, wirklich an, zumal ich meine Finger nicht von Kartoffelchips und Fastfood lassen konnte. Zu allem Überfluss ging dann auch noch meine Beziehung in die Brüche. Da resignierte ich vollends und verlor jede Kontrolle über mein Gewicht. Ich gewöhnte mich daran und war beinahe schon so weit, mich mit meiner neuen Figur abzufinden. Schließlich lief in meinem Beruf alles prima, ich lernte viele neue Leute kennen und fehlte auf keiner Party. Doch eigentlich machte ich mir etwas vor. Ich wusste, dass ich nicht glücklich war. Eines Tages hatte ich es satt, so auszusehen, und beschloss, meine überflüssigen Pfunde und meine Ausreden ein für alle Mal loszuwerden. Ich meldete mich in einem Fitnessstudio an, in das ich seitdem fünfmal pro Woche gehe, und begann mich ausgewogen zu ernähren. Im letzten Jahr habe ich über 30 Kilo abgenommen und dieses Gewicht in den vergangenen drei Monaten auch gehalten. Und was noch wichtiger ist: Ich fühle mich jetzt viel besser, gesünder, jünger und attraktiver. Außerdem bin ich stolz darauf, einigen meiner Familienmitglieder, Freunde und Kollegen ein gutes Beispiel gewesen zu sein.

– Claudia Kakutani, Lima (Peru)

Eigentlich möchten wir die Kuhherde, die wir von unseren Eltern übernommen oder uns im Lauf unseres Lebens zugelegt haben, ja gar nicht pflegen und füttern – zumindest nicht bewusst. Und wir wollen uns auch keine Einstellungen und Verhaltensweisen zu eigen machen, die unseren Erfolg sabotieren, nur um zu beweisen, dass es nicht anders geht. Denn die meisten Menschen sind keine Masochisten und leiden nicht gerne.

So absurd es Ihnen auch vorkommen mag: Die meisten Vorwände und falschen Vorstellungen, die wir im Lauf der Zeit annehmen, entstehen eigentlich aus den besten Absichten heraus. Hinter jedem Verhalten, so selbstzerstörerisch es auch sein mag, steckt eine positive Intention. Normalerweise nehmen wir keine schlechten Gewohnheiten an, um uns absichtlich zu schaden, sondern weil wir glauben, dass diese Verhaltensweise oder Angewohnheit uns irgendwie nützen kann.

»Ich könnte jederzeit mit dem Rauchen aufhören. Ich wollte bisher nur nicht.« Diese Abwehrhaltung ist nichts anderes als ein Fluchtmechanismus, um sich nicht mit dem Problem des Nikotinkonsums auseinandersetzen zu müssen. Auf diese Weise kann ein Raucher, der offensichtlich nicht in der Lage ist, sich dieses destruktive Verhalten abzugewöhnen, seine Schwäche verbergen und sich gleichzeitig auch noch seine Selbstachtung bewahren. Diese Kuh vermittelt uns den falschen Eindruck, »alles im Griff zu haben«, und macht uns blind für die Realität, dass es in Wirklichkeit genau umgekehrt ist: Unsere schlechten Angewohnheiten haben *uns* im Griff. Und das Schlimmste daran ist, dass man solch eine Kuh sein Leben lang mit sich herumschleppen kann, ohne sich jemals mit ihr auseinanderzusetzen.

Es gibt noch unzählige andere falsche Vorstellungen, die unseren Horizont einschränken und die wir eigentlich nur kultivieren, um uns nicht so machtlos zu fühlen.

Andere negative Überzeugungen dienen dem heimlichen Zweck, uns vor Misserfolgen und den damit verbundenen Enttäuschungen zu schützen. Eine der selbstzerstörerischsten Einstellungen verbirgt sich hinter folgendem Satz, den man sehr häufig hört: »Ich kann das leider nicht besonders gut.« Sie können sich gar nicht vorstellen, wie viele Menschen auf fast jede Bitte reflexartig mit dieser abwehrenden Aussage reagieren – in der Schule, bei der Arbeit und auch im Privatleben. Kommt Ihnen folgende Szene bekannt vor?

Karla: Joseph, ich möchte, dass du im Deutschunterricht ein fünfminütiges Referat hältst. Das Thema kannst du dir selbst aussuchen.
Joseph: Um Himmels willen! Ich bin überhaupt nicht gut im Referate-Halten. Ich war schon immer ein schüchterner Mensch.

George: Cindy, bitte ruf diesen Kunden an und stell ihm unsere neue Produktlinie vor.

Cindy: Kann das nicht irgendjemand anders machen? Ich kann anderen Leuten so schlecht etwas verkaufen. Das ist einfach nicht meine Stärke.

Amanda: Du schreibst dann also den Bericht, Karl.
Karl: Bist du verrückt? Ich kann doch überhaupt nicht schreiben. Ich hatte schon in der Schule im Aufsatzschreiben immer eine Fünf!

Das Schlimmste daran ist, dass sich Menschen, die sich allzu schnell mit ihren eigenen Unzulänglichkeiten abfinden, gar keine Gedanken darüber machen, ob diese Mängel wirklich existieren oder nicht vielleicht doch nur ein Ergebnis ihrer negativen Überzeugungen sind.

Ein gutes Beispiel dafür ist ein Mann namens Francisco. Ich lernte ihn bei einer Veranstaltung mit über 5000 Zuhörern kennen. Vor meinem Vortrag plauderte ich ein bisschen mit einigen Seminarteilnehmern. Bei dieser Gelegenheit gestand Francisco mir, dass er ein extrem schüchterner Mensch sei. Er sei nicht einmal in der Lage, ein Gespräch in einer Gruppe von über vier oder fünf Menschen zu führen.

In solchen Situationen fühlte er sich immer so unsicher und befangen, dass ihm der Schweiß ausbrach. Er konnte sich nicht mehr konzentrieren, und oft brachte er kein einziges Wort heraus. So etwas kommt ziemlich selten vor, aber für Menschen, die an dieser extremen Schüchternheit leiden, ist das Leben voller Qual und Frustration.

Kurz bevor ich die Bühne betrat, bat ich Francisco, mir später bei einer kleinen Aufgabe zu helfen, verriet ihm aber nicht, was es war. Widerstrebend stimmte er zu. Daraufhin forderte ich ihn ohne nähere Erklärung auf, sich in die erste Reihe zu setzen. Und während meines Vortrags holte ich ihn auf die Bühne. Ich versuchte meinen Zuhörern gerade zu erklären, wie man überzeugend wirkt, und wollte ihnen das nun an einem kleinen Rollenspiel veranschaulichen. Francisco sollte dem Publikum ein Produkt präsentieren.

Ihm kam das wahrscheinlich wie ein grauenvoller Albtraum vor. Wie konnte ich ihn nur auf die Bühne holen, nachdem er mir doch erst vor ein paar Minuten gestanden hatte, wie schüchtern er war?

Mit unsicheren Schritten betrat er die Bühne. Er hatte mir zwar versichert, dass er diese Kuh unbedingt schlachten wolle, aber wahrscheinlich hatte er nicht damit gerechnet, dies vor 5000 völlig fremden Zuhörern tun zu müssen. Wir gingen die Sache ganz langsam an. Sein erster Versuch war ziemlich erbärmlich. Doch dann gab ich ihm ein paar Anregungen, wie er seine Präsentation mit mehr Enthusiasmus vortragen könnte. Er versuchte es noch einmal. Wieder machte ich einige Verbesserungsvorschläge, und er wagte noch einen dritten Versuch.

Und dann geschah ein kleines Wunder: Dieser Mann, der über 50 Jahre lang ein hilfloses Opfer seiner *Ich bin zu schüchtern*-Kuh gewesen war, machte auf der Bühne Witze, und das Publikum applaudierte und brüllte vor Lachen.

Anschließend unterhielten wir uns noch ein bisschen miteinander. Francisco war vollkommen überwältigt. »Ich wusste gar nicht, dass so etwas in mir steckt«, sagte er immer wieder.

Wie kommt es, dass wir Überzeugungen verinnerlichen, die uns in unseren Möglichkeiten und Fähigkeiten einschränken, uns aber nur selten zu fragen wagen, ob diese Ideen überhaupt der Realität entsprechen? Warum sind wir überzeugt davon, bestimmte Schwächen und Unzulänglichkeiten zu haben, die sich später – wie zum Beispiel bei Francisco – als völlig unzutreffend erweisen? Warum reden wir uns ein, manche Dinge einfach nicht zu können?

Beobachten Sie sich einmal dabei, wie leicht Sie zu solchen Ausreden greifen. Nehmen wir an, Sie haben eine bestimmte Arbeit oder berufliche Tätigkeit erlernt, von der Sie das Gefühl haben, sie gut zu beherrschen. Diese Arbeit macht Ihnen Spaß, und mit der Zeit entwickeln Sie eine besondere Begabung dafür. Und irgendwann denken Sie: »Das ist genau mein Ding! Das kann ich wirklich gut!« Manche Menschen gehen vielleicht sogar noch weiter und sagen: »Das ist meine wahre Berufung!«

So weit, so gut. Es ist schließlich nichts Negatives daran, wenn man ein Talent bei sich entdeckt. Zum Problem wird die Sache erst dann, wenn man dabei zu einer falschen Schlussfolgerung gelangt und glaubt, nur eine ganz bestimmte Begabung zu haben.

Solche Leute glauben nämlich, auf anderen Gebieten nicht sonderlich kompetent zu sein, und geben sich erst gar keine Mühe, sich auch noch andere Fähigkeiten anzueignen. Stattdessen greifen sie zu Ausflüchten (Kühen), um Gründe (noch mehr Kühe) für ihre Unzulänglichkeiten zu finden. Das hört sich dann ungefähr so an:

- Ich war schon immer so.
- Vergiss es! Das schaffe ich garantiert nicht.
- Ich habe nun mal keine Begabung für diesen Beruf.
- Mein Körper ist für diese Sportart nicht geeignet, und ich habe auch kein Talent dafür.
- Ach, weißt du, darin war ich eigentlich noch nie besonders gut.
- Ich bin einfach nicht der Typ dafür.

So schaffen wir uns, ohne es zu wissen, unsere eigenen Grenzen, die uns in unserem persönlichen Wachstum behindern und uns den Blick auf die unbegrenzten Möglichkeiten und Fähigkeiten verstellen, die in jedem Menschen stecken. Das eigentliche Problem liegt nicht in unseren körperlichen Fähigkeiten, unserer genetischen Ausstattung, unserer Persönlichkeit oder unseren sogenannten angeborenen Talenten. Das wahre Problem liegt in den falschen Vorstellungen, die wir in unser Unterbewusstsein einprogrammiert haben und jetzt als Verteidigungsmechanismus benutzen, um uns ein scheinbar gesundes Selbstbewusstsein zu bewahren.

Wir halten uns zwar nicht für inkompetent oder unbegabt, aber irgendwie sind wir der Meinung, nur ein einziges

Talent zu besitzen. Und aufgrund dieser Überzeugung vernachlässigen wir die vielen anderen Begabungen, die in uns stecken, und verwirklichen nicht unser volles Potenzial.

Scheinbar positive Aussagen wie beispielsweise: »Das ist meine ganz besondere Stärke«, können Sie in zwei gefährlichen Ansichten bestärken: Erstens, dass »es wenigstens etwas gibt, worin Sie gut sind«, und zweitens, dass »kein Mensch alles können kann«.

Doch in Wirklichkeit beherrschen wir alle sehr viele verschiedene Aufgaben. Wahrscheinlich besitzen wir sogar noch viel mehr Fähigkeiten und Naturtalente, als wir uns zutrauen. Aber diese Stärken können wir erst dann entdecken, wenn wir die *Das muss mein wahres Talent sein*-Kuh schlachten.

Jeder Mensch wird zu dem, wofür er sich hält

Eine falsche Überzeugung kann auch aus negativen Erfahrungen entstehen, die wir in unserer Erinnerung immer noch lebendig halten, obwohl sie für unser Leben inzwischen eigentlich gar keine Gültigkeit mehr haben. Nach Ansicht von Dr. C. R. Snyder, Professor für klinische Psychologie an der Universität von Kansas, fangen Kinder in den ersten Schuljahren an, sich Gedanken darüber zu machen, was die anderen von ihnen halten, und dann beginnen sie Kritik mit Ablehnung gleichzusetzen. Also erfinden sie Vorwände, um ihr Selbstwertgefühl zu schützen. So beginnen Menschen, Ausreden als Alibi für ihre schlechten Leistungen vorzuschieben.

Nehmen wir an, Sie wurden im Alter von zehn Jahren einmal von Ihrem Lehrer aufgefordert, vor der ganzen Klasse ein Gedicht aufzusagen. Als ob diese Erfahrung nicht schon traumatisch genug wäre, lachte Sie der Lehrer hinterher auch noch aus, und Ihre Klassenkameraden hänselten Sie wegen Ihres schlechten Vortragsstils. Natürlich fühlten Sie sich damals ziemlich unwohl in Ihrer Haut – und das ist noch gelinde ausgedrückt. Und genau in diesem Augenblick haben Sie sich vorgenommen, nie wieder vor einem Publikum zu sprechen, um sich Kritik und Demütigungen von anderen Menschen zu ersparen.

Im Lauf der Jahre ist diese Kuh immer größer und fetter geworden. Irgendwann haben Sie sich mit der »Tatsache« arrangiert, dass Sie nun mal kein Talent dafür haben, vor Zuhörern einen Vortrag oder eine Rede zu halten. Und das Wissen, dass Sie nicht der einzige Mensch sind, dem diese Fähigkeit fehlt, hilft Ihnen, sich damit abzufinden. »Nicht jeder kann gut vor Publikum sprechen«, trösten Sie sich. »Das bedeutet noch lange nicht, dass ich ein Idiot bin.«

Inzwischen sind Sie 40 oder 50 Jahre alt, und wenn jemand Sie bittet, einer Gruppe von Zuhörern Ihr Unternehmen vorzustellen oder ein zehnminütiges Referat über Ihre Abteilung zu halten, wehren Sie sofort ab: »Ich kann gerne die Recherchen dafür übernehmen und die Präsentation zusammenstellen. Und wenn Sie möchten, verfasse ich das Referat auch und drucke es aus. Aber verlangen Sie bitte nicht von mir, dass ich vor so vielen Leuten (selbst wenn es nur sechs Zuhörer sind!) einen Vortrag halte. Das geht garantiert schief.«

Wahrscheinlich haben Sie es in den letzten 30 Jahren (seit dem Fiasko vor Ihrer Schulklasse) gar nicht mehr versucht. Sie gehen einfach stillschweigend davon aus, dass Sie in dieser Hinsicht heute immer noch nicht weiter sind als im Alter von zehn Jahren. Was für eine absurde Idee!

Merken Sie jetzt, wie leicht wir uns von unlogischen Vorstellungen diktieren lassen, was wir können und was nicht?

Denken Sie daran: Jede falsche Überzeugung, die wir über längere Zeit in unserem Unterbewusstsein gespeichert haben und die wir durch unser Verhalten immer wieder bestätigen, ist eine Art Selbsthypnose. Im Lauf der Zeit werden diese negativen Erwartungen zu selbsterfüllenden Prophezeiungen, und genau das hält viele Menschen vom Erfolg ab. Mit dieser Selbsthypnose programmieren wir uns auf falsche Prämissen, die zwar irgendwann in unserem Leben einmal Gültigkeit hatten, inzwischen aber längst überholt sind. Doch da wir sie in unserem Gedächtnis gespeichert haben, statt sie sofort ad acta zu legen, haben sie immer noch Macht über uns und können uns negativ beeinflussen.

Also denken Sie immer daran, dass jeder Mensch im Lauf der Zeit automatisch zu dem wird, wofür er sich hält.

Lassen Sie nicht zu, dass sich negative Gedanken in Ihrem Gehirn festsetzen – denn das ist einfach zu riskant. Es gibt aber auch eine gute Nachricht: Sie sind der Türsteher, der entscheidet, welche Vorstellungen Sie in Ihr Gedächtnis hineinlassen möchten und welche nicht.

Kapitel 6

Einer geschenkten Kuh ...

Mir war schon immer bewusst, dass ich Dinge, bei denen ich nicht weiß, wie ich sie anfangen soll und die mir unheimlich sind, gern bis zur letzten Minute hinausschiebe. Ich finde dann immer unzählige andere Aufgaben und Beschäftigungen, sodass ich mir vorgaukeln kann, keine Zeit zu haben. Deshalb packe ich so selten erfolgreich etwas Neues an! Und wenn ich mir doch einmal ein neues Projekt vornehme, flüchte ich mich automatisch früher oder später wieder in die Dinge, die ich bereits kenne und die mir mühelos gelingen, statt mich um die Erreichung meines neuen Ziels zu bemühen. Ich habe zum Beispiel schon lange vor, mir eine neue Arbeitsstelle zu suchen, in der ich mehr Zeit für mich selbst habe und mich besser weiterentwickeln kann. Aber irgendwie mache ich mich dann doch nie auf die Suche nach diesem neuen Job und entschuldige das damit, dass ich nicht genügend Zeit dazu habe. Manchmal rede ich mir sogar ein, mein jetziger Arbeitsplatz sei sicher. Dieses Buch hat mich in dem Entschluss bestärkt, mir eine andere Beschäftigung zu suchen, bei der ich das Gefühl habe, wirklich etwas zu leisten und all meine Fähigkeiten einzusetzen. Die Geschichte von der Kuh hat mich zu der Erkenntnis gebracht, dass ich mir meine Grenzen selbst setze und nur dann ein glückliches, erfolgreiches Leben führen kann, wenn ich mein mangelndes Selbstvertrauen überwinde und über meinen niedrigen Erwartungshorizont hinauswachse.

Vanessa Morgado, Cheektowaga (New York)

Sicher kennen Sie das uralte, viel zitierte Sprichwort: »Einem geschenkten Gaul schaut man nicht ins Maul.« Das bedeutet, dass man nicht undankbar sein soll, wenn man etwas erbt oder geschenkt bekommt, egal was es ist.

Wenn Sie diese uralte Binsenweisheit noch nicht kennen, möchte ich sie Ihnen an dieser Stelle etwas näher erläutern. An den Zähnen eines Pferdes kann man sein Alter, seine Gesundheit und damit auch seinen Wert erkennen. Beim Kauf eines Pferdes ist es also durchaus akzeptabel, ihm ins Maul zu schauen – dies aber auch bei einem Pferd zu tun, das man geschenkt bekommt, gilt als unhöflich. Schließlich ist es ein Geschenk!

Ich erkläre meinen Seminarteilnehmern immer wieder, dass aus diesem uralten Irrglauben die meisten Kühe entstehen. Ich bin der festen Überzeugung, dass man einem geschenkten Gaul nicht nur ins Maul schauen, sondern das Geschenk auch ruhig ablehnen soll, wenn es einem nicht gefällt. Mit anderen Worten: Hüten Sie sich vor einem Gaul, den man Ihnen schenken will – denn womöglich verbirgt sich dahinter eine Kuh!

Ich will Ihnen das gern noch ein bisschen näher erklären. Was bekommen wir von unseren lieben Mitmenschen am häufigsten geschenkt? Denken Sie einmal darüber nach. Sie haben eine Minute Zeit.

Wenn Sie gesagt haben: »Gute Ratschläge«, haben Sie den Hauptpreis gewonnen! Wir geben unseren Mitmenschen für unser Leben gern Ratschläge, auch wenn sie uns gar nicht darum gebeten haben. Sie glauben mir nicht?

Dann weihen Sie Ihre Freunde bei nächster Gelegenheit einmal in ein neues Projekt ein, das Sie sich vorgenommen haben, und warten Sie ab, was passiert. Wenn Sie einer Gruppe von sechs Leuten davon erzählen, werden Sie vermutlich sechs verschiedene Meinungen, Empfehlungen und persönliche Ratschläge dazu erhalten.

Und diese Ratschläge sind zweifellos alle gut gemeint. Ihre Freunde möchten Ihnen damit zeigen, dass sie Sie lieben und dass ihnen Ihr Schicksal nicht gleichgültig ist. Wie können Sie diese Perlen der Weisheit, die Ihnen da angeboten werden, ablehnen?

Also sind Sie höflich und hören Ihren Freunden zu. So unfundiert, unqualifiziert oder nutzlos diese Ratschläge auch sein mögen – Sie erfüllen Ihre Pflicht als höflicher Mensch und tun so, als interessierten Sie sich für die Anschauungen, das Feedback und die *positive* Kritik Ihrer Freunde.

Aber seien Sie vorsichtig! Denn an irgendeinem Punkt des Gesprächs kommen Ihnen diese unqualifizierten Meinungsäußerungen dann womöglich doch plausibel vor, und Sie sind verwirrt und beginnen an Ihrer eigenen Kompetenz zu zweifeln. Und in einer halben Stunde sind Ihre Freunde oder Bekannten – oder vielleicht waren es auch völlig fremde Menschen – wieder weg, und der Plan, der Sie zum Erfolg führen sollte, liegt in Trümmern vor Ihnen. Noch vor einer halben Stunde waren Sie sich Ihrer eigenen Möglichkeiten und Fähigkeiten so sicher – doch nun gehen Ihnen die pessimistischen Prophezeiungen und negativen Erwartungen Ihrer Freunde einfach nicht mehr aus dem Kopf. Je mehr Sie versuchen, sie zu ignorieren, desto realer erscheinen sie Ihnen. Jetzt grasen sechs völlig neue Kühe auf der Weide Ihres Gehirns, die vor Kurzem noch nicht da waren.

Vor einiger Zeit ist mir selbst etwas ganz Ähnliches passiert. Aber ich bin zum Glück nicht der Typ, der Geschenke annimmt, ohne vorher zu prüfen, ob sie aus zuverlässiger Quelle stammen. Damals unterhielt ich mich mit jemandem über ein neues Projekt, das ich plante. Plötzlich unterbrach dieser Mann mich und sagte: »Ich will dir einen Rat geben, Camilo. Gute Ratschläge kosten schließlich nichts.«

»Halt!«, rief ich. »Bevor du anfängst zu reden, will ich dir erst ein paar Fragen stellen.«

Er staunte über meine blitzschnelle Reaktion, war aber einverstanden.

»Okay«, sagte er. »Schieß los!«

»Hast du denn auch wirklich persönliche Erfahrungen auf dem Gebiet, über das du dein Urteil abgeben willst?«, erkundigte ich mich. »Und wenn ja: Hast du damit Erfolg gehabt? Hältst du dich wirklich für kompetent, mir zu diesem Thema fundierte Ratschläge zu geben? Schließlich könnte es ja sein, dass deine Empfehlungen meine Sichtweise dieses Projekts stark beeinflussen und ich brauche dir wohl nicht zu sagen, wie wichtig diese Sache für mich ist. Also: Bist du sicher, dass dieses kostbare Geschenk, das du mir da zugedacht hast, mir auch wirklich weiterhelfen wird?«

Daraufhin dachte der Mann eine Minute lang nach und sagte dann: »Nein. Vergiss es!«

Vielleicht finden Sie es unhöflich von mir, dass ich meinen Bekannten nicht ausreden ließ. Schließlich hätte ich ihm ja auch höflich zuhören und dann zu dem Entschluss kommen können, seinen Ratschlag zu ignorieren. Aber ich möchte gar nicht erst das Risiko eingehen, mit den negativen Ansichten und Erwartungen anderer Menschen konfrontiert zu werden. Denn wenn so eine Idee sich erst mal in unserem Gehirn festsetzt, werden wir nur allzu leicht zu ihrem Sklaven. Und wenn es sich dabei um eine falsche Vorstellung handelt und Sie zulassen, dass sie Eingang in Ihr Gehirn findet, sich dort verwurzelt und zu wachsen beginnt, kann dies Ihre Sichtweise Ihrer eigenen Fähigkeiten radikal verändern. Im schlimmsten Fall kann so ein Ratschlag Ihr ganzes Leben ruinieren.

Viele Kühe, die uns an ein mittelmäßiges Leben fesseln, haben wir von anderen Menschen geschenkt bekommen. Denn wir fallen nur allzu leicht den negativen Einflüssen unserer Mitmenschen zum Opfer und lassen es zu, dass sie falsche Vorstellungen in unser Unterbewusstsein einpflanzen, die uns dann später in unserer körperlichen, emotionalen und geistigen Weiterentwicklung behindern.

Diese Ideen, die uns von Eltern, Lehrern, Angehörigen, Freunden, ja sogar von wildfremden Menschen einprogrammiert werden, können verheerende Auswirkungen auf unser Leben haben.

Frühere Misserfolge überwinden

Es gibt nichts Destruktiveres, als unsere Zukunft von negativen Erfahrungen aus der Vergangenheit überschatten zu lassen. Natürlich müssen wir aus unseren Fehlern lernen. Aber wir sollten niemals zulassen, dass frühere Misserfolge uns daran hindern, in Zukunft etwas zu erreichen. Sie haben eine Sache schon fünfmal probiert, und sie ist jedes Mal schiefgegangen – na und? Das bedeutet schließlich nur, dass sie jetzt fünf Methoden kennen, die bei dieser Aufgabe *nicht* zum Ziel führen. Aber es ist keine Botschaft des Universums, das Ihnen damit sagen will, dass Sie diese verrückte Idee endlich aufgeben sollen. Und es hat erst recht nichts mit Schicksal zu tun.

Denken Sie immer daran, dass Erfolg ein Resultat guter Entscheidungen ist. Und gute Entscheidungen basieren auf Erfahrung. Erfahrung wiederum erwächst häufig aus falschen Entscheidungen. Jetzt kennen Sie das Geheimnis des Erfolgs: Er ist ein Lernprozess.

Wir lassen uns in unseren Zukunftsperspektiven leider nur allzu oft von unserer Vergangenheit beherrschen. Manche Menschen gelangen aufgrund alter negativer Programmierungen sogar zu der Überzeugung, eben einfach ganz gewöhnliche, mittelmäßige Personen zu sein, die es im Leben nie zu etwas bringen werden.

Und hier kommt eine neue wichtige Lektion ins Spiel, die ich im Laufe meines Lebens gelernt habe: *Ihre Zukunft muss nicht unbedingt so aussehen wie Ihre Vergangen-*

heit. Jeder Mensch ist in der Lage, etwas zu lernen und seinem Leben eine neue Richtung zu geben – und zwar in jedem Alter. Niemand ist zu einem mittelmäßigen Leben verdammt. Wenn Sie früher Misserfolg hatten, bedeutet das noch lange nicht, dass Ihnen auch in Zukunft nichts gelingen wird.

Alles, was Sie in Ihr Gehirn einprogrammieren, hat Einfluss darauf, wie erfolgreich oder erfolglos Sie sind. Die Ansichten, Überzeugungen und Wertvorstellungen, die Sie sich im Laufe Ihres Lebens zu eigen gemacht haben, werden Ihr Schicksal bestimmen, wenn Sie weiterhin daran festhalten. Die meisten Menschen sind bereits zu dem Zeitpunkt, wenn sie ihre Schulausbildung absolviert haben, nahezu hundertprozentig auf Mittelmaß programmiert. Ich weiß, das klingt hart – aber es ist die Wahrheit.

In ihrem Buch *Master-Learning. Die optimale Methode für leichtes und effektives Lernen* präsentieren Colin Rose und Malcolm J. Nicholl die Ergebnisse einer Studie, die darauf hindeutet, dass 82 Prozent aller Kinder, die im Alter von fünf oder sechs Jahren eingeschult werden, ein positives Bild von ihrer Lernfähigkeit haben. Doch bereits bis zum Alter von 16 Jahren sinkt diese positive Einschätzung drastisch ab: Dann sind im Durchschnitt nur noch 18 Prozent der Schüler von ihrer Lernfähigkeit überzeugt.

Es ist wirklich bedenklich, dass in der prägenden Schulzeit, in der wir doch eigentlich unsere Talente und Fähigkeiten entdecken und weiterentwickeln sollten, so viele Kinder genau das Gegenteil erreichen. Viele Teenager und junge Erwachsene beginnen ihr Studium oder ihre Berufsausbildung mit einem Gefühl der Unzulänglichkeit.

Und das Schlimmste daran ist, dass wir von diesem Zeitpunkt an fast unweigerlich dazu neigen, uns in allen Bereichen unseres Lebens mit dem traurigen Mittelmaß zufriedenzugeben. Das spiegelt sich unter anderem in folgenden Aussprüchen wider, die man immer wieder hört:

- Ich führe eine ziemlich unglückliche Beziehung, aber ich glaube, die meisten Ehen sind so.
- Ich würde beruflich gern etwas Neues anfangen, aber ich bin leider schon zu alt, um mich neu zu orientieren. Außerdem habe ich noch nie einen anderen Beruf ausgeübt als diesen.
- Ich hasse meinen Job, aber ich bin froh, dass ich überhaupt einen habe.
- Ich habe eine furchtbar schlechte Kondition. Aber man liest ja immer wieder, dass heutzutage die meisten Menschen nicht besonders fit sind.

All diese Aussagen deuten darauf hin, dass wir das Mittelmaß bereits als tragbares Lebenskonzept akzeptiert haben.

Wir finden uns mit kaputten Beziehungen ab, statt uns auf die Suche nach dem Menschen zu machen, mit dem wir wirklich eine wunderbare Partnerschaft aufbauen können. Schließlich hört man ja immer wieder, dass es Bilderbuchehen nur im Film gibt. Und wenn man schon das Glück hat, eine glückliche Ehe zu führen, gibt es garantiert in irgendeinem anderen Lebensbereich Probleme. So geben sich viele Paare jahre- oder gar jahrzehntelang mit einer mittelmäßigen Ehe zufrieden, weil sie glauben, nichts an ihrer Situation ändern zu können.

Ein anderes Beispiel: Vielleicht hat man Ihnen in Ihrer Kindheit immer wieder eingeredet, dass es ein Zeichen von Habgier ist, viel Geld verdienen zu wollen, und dass einem so etwas am Ende nur Kummer und Sorgen bringt. Vielleicht haben Ihre Eltern Ihnen gepredigt, dass es am klügsten ist, sich mit dem zu begnügen, was man hat, weil es besser ist, mit wenigem zufrieden zu sein, als viel zu besitzen und unglücklich zu sein. Haben Sie heute schon mal Ihren Kontostand kontrolliert? Bei dieser Einstellung dürfen Sie sich nicht wundern, wenn Sie nur ein paar Euro auf dem Konto haben!

Wenn wir negative Aussagen ständig wiederholen, werden sie irgendwann zu einem mentalen Programm, das unser Denken und Verhalten bestimmt. Und unser Verhalten wird mit der Zeit zur Gewohnheit, die langsam, aber sicher unser ganzes Schicksal beherrscht.

Die Frage ist also: Möchten Sie, dass diese Kühe Ihr Schicksal bestimmen?

In einem seiner schönsten Gedichte hat der große mexikanische Poet Amado Nervo folgende treffende Aussage formuliert:

Nun, da mein letzter Sonnenuntergang naht, segne ich dich, Leben, dafür,
dass du mir niemals falsche Hoffnungen gemacht,
mir nie ungerechte Arbeit oder unverdientes Leid aufgebürdet hast.
Denn am Ende meiner Reise wird mir klar,
dass ich der Architekt meines eigenen Schicksals war;
und wenn ich bestimmte Dinge als süß oder bitter empfand,
liegt das daran, dass ich diese Süße oder Bitternis in sie hineingelegt habe.
Wenn ich Rosensträucher pflanzte, erntete ich niemals etwas anderes als Rosen …

Nervo vermittelt uns damit eine ganz einfache Botschaft: Wer einen negativen Gedanken sät, der wird eine schlechte Angewohnheit ernten. Und wer eine schlechte Angewohnheit in seinem Leben Wurzeln schlagen lässt, dem wird im besten Fall ein ungewisses Schicksal zuteil.

Kapitel 7

Wie man seine Kühe wieder loswird

Die dickste Kuh, die sich in meinem Leben eingenistet hat, seit ich heiratete und Kinder bekam, ist das »Überlastete-Mutter/Märtyrer-Syndrom« – dieses Gefühl, nie genug Zeit für mich selbst zu haben. Ich kann keinen Sport treiben, weil ich keine Zeit dazu habe. Ich kann auch niemals in Ruhe etwas lesen oder meine Hobbys pflegen, weil ich mich immer um meine Kinder kümmern muss. Doch inzwischen bin ich dabei, diese Ausreden aus meinem Leben zu verbannen. Ich habe gelernt, meine Zeit so einzuteilen, dass weder meine Familie noch ich selbst dabei zu kurz kommen. Inzwischen gönne ich mir beispielsweise den Luxus, vormittags im Fitnessstudio zu trainieren oder Rad zu fahren. Ich weiß, dass das erst ein ganz kleiner Schritt in die richtige Richtung ist, aber ich fühle mich dadurch schon sehr viel besser und habe das Gefühl, mein Leben wieder mehr unter Kontrolle zu haben.

– Sarah Fox, Irvine (Kalifornien)

Zunächst einmal möchte ich Ihnen etwas klarmachen, was eigentlich auf der Hand liegt: Unsere Kühe existieren in Wirklichkeit gar nicht. Sie haben sich nur in unserem Denken eingenistet. So zutreffend und realistisch sie uns auch vorkommen mögen – in Wirklichkeit handelt es sich dabei nicht um tatsächliche Lebensumstände (»Meine Probleme sind nur auf die schlechte Wirtschaftslage zurückzuführen«), körperliche Einschränkungen (»Ich bin eben einfach zu klein«) oder andere Menschen (»Mein Problem ist, dass meine Frau mich überhaupt nicht unterstützt«). Es sind einfach nur falsche Überzeugungen, die wir in unserem Gehirn abgespeichert haben. Überzeugungen sind keine Fakten. Selbst wenn noch so viele Menschen eine Sache für undurchführbar halten, muss sie das deshalb noch lange nicht sein. Hüten Sie sich davor, Überzeugungen mit Tatsachen zu verwechseln!

Wir wollen diese drei Lebensbereiche – ungünstige Umstände, körperliche Einschränkungen und unsere lieben Mitmenschen – nun einmal genau unter die Lupe nehmen. Dabei werden wir sehen, dass es keine richtigen oder falschen Vorstellungen gibt. Es gibt nur welche, die uns Mut machen und uns innerlich aufbauen, und welche, die unseren Horizont einschränken.

Man kann trotz negativer Lebensumstände Erfolg haben

Oft halten wir unsere Misserfolge und Frustrationen für ein Ergebnis ungünstiger Umstände, die außerhalb unserer Kontrolle liegen. Naturkatastrophen, soziale oder wirtschaftliche Veränderungen und persönliche Missgeschicke können sich auf diese Weise manchmal zu riesengroßen, fetten Kühen auswachsen.

Viele Menschen kennen die herrlichen Werke von Georg Friedrich Händel, einem der größten Komponisten aller Zeiten. Wenn Sie seine Lebensgeschichte kennen, werden Sie seine Musik in Zukunft mit ganz anderen Ohren hören.

Obwohl Händel als Kind in seinen musikalischen Ambitionen keinerlei Unterstützung erhielt, war er ein Wunderkind. Er war noch nicht einmal zwölf Jahre alt, da assistierte er bereits dem Organisten in der Kathedrale seiner Heimatstadt. Weit vor seinem 21. Lebensjahr hatte er schon Opern komponiert, und mit 40 Jahren war er weltberühmt.

Doch dann begann sich seine Lebenssituation zu verschlechtern. Er stand mehrmals am Rande des finanziellen Ruins und erlitt zu allem Überfluss auch noch einen Schlaganfall. Danach war sein rechter Arm gelähmt, und er konnte vier seiner Finger nicht mehr gebrauchen. Können Sie sich vorstellen, was das für die berufliche Zukunft eines Komponisten bedeutet? Händel erholte sich zwar wieder von dem Schlaganfall, war danach aber so entmutigt und hatte so große Schulden, dass er resignierte. Er gab seine musikalische Karriere auf und war bereit, sich mit einem Leben in Armut und Elend abzufinden.

Ob es nun an seinen unglücklichen Lebensumständen lag oder ob er sein Schicksal selbst verursacht hatte – ganz offensichtlich hatte Händel eine ganze Herde von Kühen um sich versammelt, die ihn zu erdrücken drohten und denen er hilflos ausgeliefert zu sein schien.

Doch als er am Tiefpunkt seines Lebens angelangt war, bot sich ihm die Chance, die Musik für ein Libretto über das Leben von Jesus Christus zu schreiben. Natürlich hätte er jetzt sagen können: »Ich bin mit der Welt am Ende«, »Wozu?«, »Was hat das noch für einen Sinn?« – oder irgendeine andere der vielen beliebten Ausflüchte, die wir gebrauchen, um unsere Untätigkeit zu rechtfertigen. Doch er beschloss, sich nicht länger von seinen ungünstigen Lebensumständen beherrschen zu lassen. Mit anderen Worten: Er schlachtete die Kühe, die es ihm erleichtert hatten, sein schreckliches Schicksal zu ertragen.

Mit ganz neuer Begeisterung machte Händel sich wieder ans Komponieren. Einen Monat später hatte er ein 260-seitiges Manuskript fertiggestellt. Er nannte es *Der Messias*.

Später erklärte er, beim Komponieren des Chors »Halleluja« habe er »Gott auf seinem Thron gesehen, umgeben von all seinen Engeln«.

Aus dieser Geschichte können wir etwas sehr Einfaches lernen: Entweder man wird zum Opfer seiner ungünstigen Lebensumstände oder man hat trotz dieser Umstände Erfolg. Die Entscheidung liegt bei Ihnen.

Die 4-Minuten-Meile: ein mentaler Rekord

Nun wollen wir uns einmal dem Thema »körperliche Einschränkungen« zuwenden. Ich erzähle in meinen Seminaren immer folgende Geschichte, weil ich das Gefühl habe, dass meine Zuhörer daraus etwas Wichtiges lernen können:

Jahrzehntelang hatte es kein Läufer geschafft, eine Meile innerhalb von 4 Minuten zurückzulegen. Nachdem im Jahr 1903 ein neuer Rekord für den Meilenlauf aufgestellt worden war, verkündete der britische Olympia-Trainer Harry Andrews sogar: »Der Meilenrekord von 4 Minuten und 12,75 Sekunden wird niemals gebrochen werden.«

Damals bekamen die Läufer von sogenannten »Experten« eine ganze Litanei von Gründen zu hören, die die Behauptung dieses Trainers zu bestätigen schienen. Selbst Ärzte warnten die Läufer davor, dass es ihren Körper zu sehr belasten würde, wenn sie versuchten, eine Meile innerhalb von 4 Minuten zu laufen, und dass das gefährliche Konsequenzen haben könnte.

Dank dieser Überzeugung kamen selbst die besten Athleten der Welt in den nächsten 50 Jahren dem erwähnten Rekord zwar sehr nahe, aber es gelang ihnen nie, ihn zu brechen. Warum nicht? Weil es unmöglich war. Die *Ärzte* hielten es für unmöglich und die *Wissenschaftler* erklärten, der menschliche Körper werde dem Stress einer solch übermenschlichen Anstrengung nicht gewachsen sein.

Das änderte sich erst, als ein junger britischer Läufer namens Roger Bannister in aller Öffentlichkeit verkündete, dass er es schaffen werde, eine Meile in weniger als 4 Minuten zurückzulegen.

Bannister war bereits im Jahr zuvor britischer Meister im Meilenlauf geworden und hatte das Gefühl, reif für die Olympischen Spiele zu sein. Doch leider wurde im Ablaufplan bei den Olympischen Spielen im Jahr 1952 in letzter Minute noch etwas verändert, was dazu führte, dass er sich zwischen den Läufen nicht ausruhen konnte. Deshalb wurde er nur Vierter und musste sich den Spott der britischen Sportmedien gefallen lassen, die seine schlechte Leistung damit erklärten, dass er sich nicht an die konventionellen Trainingsmethoden gehalten hatte.

Doch diese Kritik entmutigte den jungen Athleten keineswegs, sondern spornte ihn nur noch mehr an. Er beschloss, seinen guten Ruf wiederherzustellen, indem er einen neuen Weltrekord im Meilenlauf aufstellte. Aber es sollte nicht einfach nur irgendein Rekord sein: Bannister war fest entschlossen, die scheinbar unüberwindliche 4-Minuten-Barriere zu überwinden. Alle hielten ihn für verrückt: die Sportexperten, die Spitzenmediziner – einfach alle.

Am 6. Mai 1954 kam nach mehreren Rückschlägen und Misserfolgen endlich seine große Chance. Damals nahm Bannister bei einer Sportveranstaltung in Oxford an einem Wettbewerb teil, der von der British Amateur Athletic Association organisiert worden war. An jenem Tag schaffte der junge Athlet das Unmögliche: Er lief die Meile in weniger als vier Minuten. Damit gehörte der Mythos, dass so etwas nicht möglich sei, endgültig der Vergangenheit an. Der »unschlagbare« Rekord war gebrochen.

Nach der Schlachtung dieser heiligen Kuh glaubten plötzlich alle Sportler daran, dass es doch möglich war, die Meile in weniger als vier Minuten zu laufen. Innerhalb nur eines einzigen Jahres gelang es 37 weiteren Läufern, diese Barriere zu überwinden. Und im Jahr darauf legten sogar 300 Läufer die Meile in weniger als vier Minuten zurück. Inzwischen schaffen das sogar Gymnasiasten.

Ich habe mir erlaubt, aus Bannisters Buch *The Four-Minute Mile* eine kurze Beschreibung dieser Meisterleistung zu zitieren. Darin beschreibt Roger Bannister das Erlebnis in seinen eigenen Worten. Seine Schilderung zeigt, wie schwer es ihm gefallen ist, diese Kuh zu schlachten.

»Ich lief die erste halbe Meile in 1 Minute und 58 Sekunden, ohne dass es mir überhaupt richtig zum Bewusstsein kam. Und ich merkte auch nicht, dass nach der nächsten Kurve Chataway in Führung ging. Selbst als ich eine Dreiviertelmeile zurückgelegt hatte, spürte ich noch kaum etwas von der Anstrengung. Meine Zeit lag inzwischen bei 3 Minuten und 0,7 Sekunden. Mittlerweile brüllte das Publikum vor Begeisterung. Irgendwie musste ich es schaffen, die letzte Runde in 59 Sekunden zurückzulegen. Chataway blieb während der ganzen nächsten Kurve in

Führung, doch zu Beginn der Gegengeraden, 275 Meter von der Ziellinie entfernt, überholte ich ihn mit einem großen Satz.

Ein paar Sekunden lang mischten sich Freude und Schmerz in meinen Gefühlen. Doch dann übernahm mein rationaler Verstand wieder die Führung und zog meinen Körper unerbittlich vorwärts. Ich hatte das Gefühl, dass jetzt der große Augenblick meines Lebens gekommen war. Die Welt schien stillzustehen oder gar nicht mehr zu existieren. Die letzten 180 Meter unter meinen Füßen waren die einzige Realität, die ich noch wahrnahm.

Jetzt war endlich meine Chance gekommen, etwas – eine einzige Sache – überdurchschnittlich gut zu machen. Ich rannte weiter, getrieben von einer Mischung aus Angst und Stolz. In meinen Ohren dröhnte der Applaus meines treuen Oxforder Publikums. Die Hoffnung und Ermutigung der Zuschauer gab mir noch mehr Kraft. Inzwischen hatte ich die letzte Kurve hinter mir gelassen und nur noch 45 Meter vor mir. Mein Körper hatte seine letzten Energiereserven längst aufgebraucht, aber ich rannte trotzdem immer weiter. Dieses Notprogramm, auf dem mein Körper jetzt lief, hatte ich nur meiner enormen Willenskraft zu verdanken.

Nun waren es nur noch viereinhalb Meter bis zur Ziellinie, die fast vor mir zurückzuweichen schien. Die letzten paar Sekunden wollten kein Ende nehmen. Das blass schimmernde Klebeband der Ziellinie lag vor mir wie ein Hafen der Ruhe nach erbarmungslosem Kampf. Die Welt würde mich mit offenen Armen empfangen – aber nur, wenn ich die Ziellinie erreichte, ohne langsamer zu werden. Wenn ich in meiner Anstrengung nachließ, würde die Welt mir die kalte Schulter zeigen – gerade weil ich dem Ziel so nahe gewesen war. Ich machte einen letzten verzweifelten Satz auf die Ziellinie zu wie ein Mann, der sich mit todesmutigem Sprung über einen gähnenden Abgrund hinwegrettet. Endlich hatte ich es geschafft. Beinahe bewusstlos brach ich zusammen.

Erst jetzt überwältigte mich der Schmerz. Ich fühlte mich wie ein erloschener Feuerwerkskörper, ohne jeden Lebenswillen. Ich existierte einfach weiter, in einem völlig passiven physischen Zustand, der Ohnmacht nahe. Das Blut strömte aus den Muskeln wieder in meinen Körper zurück und schien mich total auszufüllen. Mir war, als steckten meine Glieder in einem Schraubstock, der sich immer enger zusammenzog. Noch ehe meine Zeit durchgesagt wurde, wusste ich, dass ich es geschafft hatte. Ich war meinem Ziel einfach zu nahe gewesen, um es in letzter Minute noch zu verfehlen – es sei denn, meine Beine hatten mir kurz vor der Ziellinie noch einen seltsamen Streich gespielt, ohne dass mein erschöpftes Gehirn es registrierte.

Die Stoppuhren wussten die Antwort auf die alles entscheidende Frage. Und schon kam die Durchsage: »Ergebnis des Einmeilenrennens … Zeit: 3 Minuten …« Der Rest der Durchsage ging im Applaus des tosenden Publikums unter. Ich hatte es geschafft!«

Der Rekord, den Bannister an jenem Nachmittag aufstellte (3 Minuten und 59,4 Sekunden), blieb nicht sehr lange bestehen. Schon im Lauf des nächsten Monats wurde er von dem australischen Läufer John Landy gebrochen. Bannister wurde dafür die Genugtuung zuteil, Landy in jenem Sommer bei den British Empire Games in Vancouver zu schlagen. Als man ihn fragte, wie es möglich gewesen sei, dass plötzlich so viele Sportler so schnell laufen konnten, erklärte Bannister: »Es war eben von Anfang an keine physische, sondern eine mentale Barriere.« Die Athleten setzten sich einfach über die Grenze hinweg, die sie über 50 Jahre lang gefangen gehalten hatte.

Wir alle haben solche mentalen Barrieren. Manche Menschen beschließen irgendwann kurzerhand, sie über Bord zu werfen, um ihr wahres Potenzial zu entfalten und Dinge zu erreichen, die man bis dahin für unmöglich gehalten hatte. Auch Sie können das schaffen. Sie brauchen nur herauszufinden, welche falschen Überzeugungen Ihren mentalen Horizont einschränken, und sie durch Ideen zu ersetzen, die Ihnen Mut und Kraft geben.

Ist mein Ehepartner womöglich auch eine Kuh?

Und nun wollen wir uns mit der dritten Kategorie von Kühen beschäftigen: unseren Mitmenschen. Wenn Sie glauben, dass ein anderer Mensch Sie davon abhält, Ihr Bestes zu geben oder Ihre Ziele zu erreichen, dann irren Sie sich. Bitte verstehen Sie mich nicht falsch: Ich will damit nicht sagen, dass andere Menschen für unsere Erfolge oder Misserfolge überhaupt keine Rolle spielen. Natürlich spielen sie eine Rolle, aber sie sind niemals der Grund für unsere Schwächen und Unzulänglichkeiten. Andere Menschen können nie unsere Kühe sein – auch wenn wir das manchmal gerne glauben möchten. Selbst wenn Sie anderer Meinung sind: Ihr rücksichtsloser Ehepartner, Ihre ewig nörgelnden Eltern, Ihr unangenehmer Chef oder Ihr Freund, der sein Leben irgendwie nicht in den Griff bekommt, kann nicht Ihre Kuh sein. Diese Menschen tragen nicht die Schuld an Ihrer Mittelmäßigkeit. Vielleicht denken Sie jetzt: »Aber es stimmt wirklich, Dr. Cruz: Meine einzige Kuh ist mein Chef.« Doch in fast allen Fällen, in denen meine Zuhörer oder Seminarteilnehmer andere Menschen für die Ursache ihres Missgeschicks hielten, stellte ich hinterher fest, dass das Problem in Wirklichkeit vielmehr in einer falschen Vorstellung lag, die zufälligerweise etwas mit der zu Unrecht beschuldigten Person zu tun hatte.

Ich möchte Ihnen ein Beispiel dafür geben. Vor einiger Zeit erzählte ich die Geschichte von der Kuh auf einem

Kongress für Unternehmerinnen in der Dominikanischen Republik. In der Pause kommen normalerweise immer einige Zuhörer zu mir, um mir ihre persönlichen Probleme oder Erfolge im Kampf gegen ihre Kühe zu schildern. Diesmal war unter dem Publikum eine besonders lebhafte Frau, die meiner Präsentation von Anfang bis Ende interessiert zugehört, applaudiert und auch oft darüber gelacht hatte. Diese Frau nahm mich beiseite und erklärte mir tief bewegt: »Sie haben mir die Augen geöffnet, Dr. Cruz. Ich glaube, mir ist gerade eine rettende Erkenntnis gekommen. Jetzt weiß ich, wer meine Kuh ist!«

Immer, wenn ich jemanden so etwas sagen höre, weiß ich, dass die betreffende Person meine Geschichte nicht richtig verstanden hat. »Endlich hat mein Verdacht sich bestätigt«, erklärte mir die Frau. »Jetzt weiß ich mit hundertprozentiger Sicherheit, dass mein Mann meine Kuh ist!«

Ich versuchte ihr zu erklären, dass unsere Mitmenschen niemals unsere Kühe sind. Doch ehe ich weitersprechen konnte, unterbrach sie mich: »Ich weiß, dass das in den meisten Fällen so ist, Dr. Cruz, aber nicht in meinem Fall. Ich bin mir ganz sicher: Mein Mann ist meine Kuh.«

Ich fragte sie, wie sie auf diese Idee gekommen war.

»Vor einem Jahr habe ich mich selbstständig gemacht«, erzählte sie mir daraufhin. »Aber ich bin mit meinem Geschäft bisher auf keinen grünen Zweig gekommen, und ich bin sicher, dass das daran liegt, dass mein Mann mich nicht unterstützt. Er hilft mir überhaupt nicht, und was noch schlimmer ist: Er ermutigt mich nicht einmal in meinen Bemühungen. Ich weiß genau, dass das der Grund ist, warum ich mit meinem Unternehmen keinen Erfolg habe.«

»Sehen Sie! Ich habe es Ihnen doch gesagt: Ihr Mann ist nicht Ihre Kuh.«

»Wie meinen Sie das? Ich habe Ihnen doch gerade erklärt, dass er mich in jeder Hinsicht blockiert«, protestierte sie. »Haben Sie mir denn nicht zugehört?«

»Doch, ganz genau sogar«, erwiderte ich. »Ich will Ihnen zeigen, was in Wirklichkeit Ihre Kuh ist: Ihr Problem ist eine falsche Überzeugung, die Sie in Ihrem Gehirn gespeichert haben. Und diese Überzeugung lautet: Um erfolgreich sein zu können, brauche ich die volle Unterstützung meines Mannes.«

Diese Antwort gefiel der Frau ganz und gar nicht. Der Glaube, endlich den Schuldigen gefunden zu haben, der für ihr ganzes Missgeschick verantwortlich war, hatte sie viel glücklicher gemacht. Ein paar Sekunden lang war sie perplex, doch dann begriff sie, was ich meinte.

Es ist ganz einfach: Sie selbst tragen die volle Verantwortung für Ihren Erfolg. Natürlich wäre es fantastisch, wenn Sie immer auf die Unterstützung und Ermutigung anderer Leute zählen könnten, aber beides ist nicht unbedingt notwendig, um erfolgreich zu sein. Ihr Erfolg hängt nicht davon ab, ob andere Menschen Sie unterstützen, Ihre Entscheidungen richtig finden oder begeistert von dem Weg sind, den Sie eingeschlagen haben. Ihre Entscheidung, erfolgreich zu sein, kann und darf nicht von solchen Dingen abhängen. Der einzige Mensch, der von Ihren Zielen und Entscheidungen überzeugt sein muss, sind Sie selbst. Um im Leben erfolgreich zu sein, brauchen Sie nur Ihr eigenes Engagement und Ihre eigene Überzeugung, Begeisterung und Entschlossenheit.

Diese Frau hatte eine wunderbare Ausrede für ihren Misserfolg gefunden. Damit konnte sie nicht nur den mangelnden Erfolg ihres Unternehmens rechtfertigen, sondern sich auch jeglicher Verantwortung dafür entheben und zusätzlich noch die Rolle des unschuldigen Opfers spielen.

Wenn wir in eine solche Denkweise verfallen, schlagen wir normalerweise einen von zwei Wegen ein – und beide sind falsch: Entweder wir resignieren und bemitleiden uns ein Leben lang selbst oder wir machen uns an die frustrierende Aufgabe, den anderen Menschen ändern zu wollen.

Deshalb möchte ich Ihnen an dieser Stelle noch einmal etwas sehr Wichtiges ans Herz legen: Wenn ich sage, dass Sie Ihre Kühe schlachten müssen, meine ich damit, dass Sie eine faule Ausrede über Bord werfen, eine schlechte Angewohnheit ablegen, ein bestimmtes Verhalten ändern oder sich ein neues Denkmuster zu eigen machen sollen. Mit anderen Worten: Sie sollen Ihr *eigenes* Denken und Verhalten ändern und nicht das Denken und Verhalten anderer Menschen. Der Glaube, dass Sie erst dann Erfolg haben können, wenn ein anderer Mensch sich ändert, ist eine der schlimmsten Kühe, die es gibt. Im Grunde Ihres Herzens wissen Sie nämlich ganz genau, dass es nur einen einzigen Menschen gibt, den Sie ändern können: sich selbst.

Wie können wir uns ein für alle Mal von unseren Kühen befreien? Eigentlich ist das erstaunlich einfach: Wir brauchen nur der Realität ins Auge zu sehen, dass viele mentale Programme und Überzeugungen, von denen wir uns bisher in unserem Handeln und unseren Erwartungen leiten ließen, möglicherweise schlicht und einfach *falsch waren.*

Wir müssen uns bewusst machen, dass wir von unserem Umfeld vielleicht darauf programmiert worden sind, ein mittelmäßiges Leben zu akzeptieren und womöglich sogar willkommen zu heißen. Der Schlüssel zum Erfolg liegt darin, nicht länger ein Leben der Selbsttäuschung zu führen und so zu tun, als sei alles in Ordnung, sondern zu erkennen, dass wir durchaus etwas Außergewöhnliches erreichen können – selbst wenn man uns darauf programmiert hat, ein Leben in ewigem Mittelmaß zu akzeptieren. Wir brauchen unser Denken nur für die Möglichkeit der Veränderung und des inneren Wachstums zu öffnen. Dazu müssen wir aber zunächst einmal erkennen, welche Kühe unserem Erfolg im Weg stehen, und uns von ihnen befreien. Das ist der erste Schritt auf dem Weg in eine vielversprechende Zukunft – ein Leben ohne Kühe!

Kapitel 8

Es gibt nur einen Weg, eine Kuh zu schlachten

Solange ich zurückdenken kann, habe ich mich an das Prinzip gehalten: »Wenn ich etwas mache, dann mache ich es auch richtig – oder lieber gar nicht.« Als ich diese Devise dann schwarz auf weiß in Ihrem Buch zu sehen bekam, hielt ich sie zunächst gar nicht für eine Kuh. Ich war sogar ein bisschen schockiert darüber, dass dieser Grundsatz in dem Buch als Ausrede dargestellt wird. Doch nachdem ich weitergelesen hatte, wurde mir klar, dass ich dieses Prinzip früher tatsächlich oft als Vorwand benutzt habe, um irgendetwas nicht tun zu müssen. Als ich nach Japan zog, wurde ich mit einer völlig neuen Sprache und Kultur konfrontiert. Ich begann Japanisch zu lernen, und schon bald konnte ich es sehr gut sprechen und verstehen, aber irgendwie fühlte ich mich trotzdem noch nicht gut genug dafür gerüstet, mich auf die Stelle zu bewerben, die mir zusagte. Und weil ich nicht abgelehnt werden wollte, schob ich den Zeitpunkt der Bewerbung immer weiter hinaus. Später wollte ich ein eigenes Unternehmen gründen. Doch ich glaubte die japanische Kultur und die Gepflogenheiten des japanischen Geschäftslebens erst noch besser kennenlernen zu müssen, ehe ich diesen Sprung ins kalte Wasser wagte. Und so kam es, dass ich nie die Initiative ergriff. Nach der Lektüre dieses Buches ist mir klar geworden, was für einer Kuh ich zum Opfer gefallen war, und ich traf endlich die nötigen Entscheidungen, um meine Ängste zu überwinden und der Mensch zu werden, der ich eigentlich bin.

– M. Akio, Tokio (Japan)

Bei meinen Vorträgen und Seminaren frage ich meine Zuhörer immer, wie viele von ihnen den Verdacht haben, selbst ein paar Kühe zu besitzen. Daraufhin heben einige Leute die Hand und geben bereitwillig zu, dass sie auch zu den »Kuhbesitzern« gehören. Andere nicken kaum merklich mit dem Kopf und signalisieren auf diese Weise, dass sie sich des Problems bewusst sind, ohne jedoch zuzugeben, dass sie es selbst vielleicht auch haben könnten. Und hin und wieder gibt ein Zuhörer seinem armen Nebensitzer mit dem Ellenbogen einen sanften, aber anklagenden Stoß in die Rippen.

Das Seltsame an Kühen ist, dass es uns viel leichter fällt, sie auf der Weide eines anderen Menschen zu entdecken als auf unserer eigenen. Aber wir *müssen* sie entdecken, um uns von ihnen befreien zu können.

Das ist vielleicht die wichtigste Botschaft dieses Buches: Wenn Sie nichts unternehmen, wird sich auch nichts ändern. Um Ihnen beim Kampf gegen Ihre Kühe zu helfen, möchte ich Sie bitten, jetzt einmal ein ganz einfaches »Fünf-Schritte-Programm« zu absolvieren. Vielleicht werden Sie mehr davon profitieren, wenn Sie sich dazu Papier und Bleistift bereitlegen.

Um ein kuhfreies Leben führen zu können, müssen Sie fünf Maßnahmen ergreifen. Jeder dieser Schritte ist unvermeidlich, auch wenn Sie den einen oder anderen vielleicht gerne weglassen würden. Vielleicht sind diese fünf Maßnahmen schwierig und auch nicht immer angenehm, aber sie sind notwendig. Also seien Sie ehrlich mit sich selbst, geduldig und konsequent, dann werden Sie hervorragende Resultate erzielen: Sie werden freier und unbeschwerter aus diesem Lernprozess hervorgehen.

1. Erkennen Sie Ihre Kühe.

Dieser erste Schritt wird Ihnen vielleicht nicht von heute auf morgen gelingen. Er erfordert schon eine gewisse Innenschau und Selbstanalyse. Vielleicht ist dies sogar der schwierigste Schritt von allen. Denn wenn wir mit der Notwendigkeit konfrontiert werden, unser Leben zu verändern, neigen wir dazu, unsere jetzige Situation zu verteidigen oder zu rechtfertigen, nur um nicht aktiv werden zu müssen.

Dafür gibt es zwei Gründe. Erstens habe ich Ihnen schon mehrfach erklärt, dass wir alle mehr Kühe besitzen, als wir zugeben wollen. Zweitens ist manchen Menschen einfach nicht bewusst, hinter wie vielen Ausreden, Vorwänden und Rechtfertigungen sie sich tagtäglich verschanzen. Diese Lebenslügen sind ihnen schon so sehr in Fleisch und Blut übergegangen, dass sie sich gar nicht mehr daran stören. Erinnern Sie sich noch an den Ausspruch meines Freundes? »Schweine wissen eben nicht, dass Schweine stinken.« Um unsere Kühe über Bord werfen zu können, müssen wir zunächst einmal einen schmerzhaften Prozess der Selbsterkenntnis durchlaufen: Wir müssen uns der Tatsache bewusst werden, dass wir diese Kühe überhaupt haben.

An früherer Stelle habe ich bereits erwähnt, dass die Kühe nur in unseren Gedanken existieren. Aber sie manifestieren sich in unserer Redeweise, unseren Gewohnheiten und früher oder später auch in unserem Verhalten. Deshalb sollten Sie bei diesem ersten Schritt Papier und Bleistift zur Hand nehmen und einige Ihrer häufigsten Gedanken, Redewendungen, Angewohnheiten und Verhaltensweisen (Kühe) zu Papier bringen, die in Ihrem täglichen Leben eine wichtige Rolle spielen.

In der darauffolgenden Woche sollten Sie Augen und Ohren offen halten und darauf achten, ob in Ihrem Leben irgendwelche Kühe auftauchen. Denken Sie daran: Kühe verkleiden sich immer als Ausreden, Rechtfertigungen, Vorwände, Lügen, beschönigende Formulierungen oder sonstige Redewendungen, die in Ihrem Wortschatz immer wieder vorkommen.

Wir erkennen unsere Kühe an unserer Redeweise. Unsere Worte verraten ungeheuer viel über uns – und sie haben eine große Macht, denn sie beeinflussen unser Verhalten und tragen zur Entstehung unserer Gewohnheiten bei.

Vielleicht sollten Sie noch einmal die Liste der Redensarten in Kapitel 3 durchgehen, um sich klarzumachen, wie viele verschiedene Arten von Kühen es gibt. Nehmen Sie sich genügend Zeit dafür, damit Ihnen auch garantiert keine Kuh durch die Lappen geht. Denn Kühe sterben nicht einfach, genau wie Menschen sich nicht mühelos über ihr eigenes Mittelmaß erheben können – man muss schon etwas dafür tun. Sie können nur dann sämtliche Hindernisse aus Ihrem Leben verbannen, wenn Sie sich selbst richtig einschätzen und gezielt die richtigen Maßnahmen ergreifen.

Wenn ich meine Seminarteilnehmer zum Beispiel frage, ob sie zu faulen Ausreden neigen, sagen sie normalerweise Nein. Aber wenn ich sie dann auffordere, einmal einen ganzen Tag lang Buch darüber zu führen, wie oft sie irgendeine Ausflucht gebrauchen, staunen sie darüber, wie häufig sie sich dabei ertappen. Deshalb ist es wichtig, diesen ersten Schritt der Selbstanalyse zu durchlaufen.

Ehe Sie weiterlesen, sollten Sie die Bereiche Ihres Lebens, in denen Sie es nicht so weit gebracht haben, wie Sie eigentlich wollten, einmal ganz genau unter die Lupe nehmen. Was hindert Sie am Erfolg?

Nehmen wir an, Sie sind nicht zufrieden mit Ihrer beruflichen Karriere. Dann fragen Sie sich doch einmal, was Ihnen an Ihrem Berufsleben nicht gefällt. Warum hat es sich so entwickelt? Ist irgendeine bestimmte Person oder ein bestimmter Umstand schuld daran? Was können Sie dagegen tun? Und warum haben Sie es noch nicht getan? Welche Entschlüsse können Sie jetzt in diesem Augenblick fassen, um etwas daran zu ändern? Diese Fragen werden Sie wahrscheinlich mit einigen Ihrer Kühe konfrontieren. Schreiben Sie sie auf Ihre Liste!

Ertappen Sie sich oft bei folgenden Redewendungen?

- Ich würde das ja gerne tun, aber …
- Tut mir leid, dass ich mich verspätet habe, aber …
- Wenn ich doch nur …
- Mein Problem ist, dass …
- Es nützt ja doch alles nichts, wenn …
- Um ganz ehrlich zu sein …

Die Sätze, die auf diese Redewendungen folgen, haben mit ziemlicher Sicherheit das Zeug zu einer großen, dicken Kuh. Schreiben Sie sie auf Ihre Liste und nehmen Sie sich vor, diese Ausreden nie wieder zu gebrauchen.

Aber ich warne Sie: Dieser Schritt kann sehr wehtun. Niemand wird gerne mit seinen Schwächen und Unzulänglichkeiten konfrontiert. Trotzdem sollten Sie ihnen jetzt ins Gesicht sehen und sich ein für alle Mal davon befreien, sonst bleiben Sie womöglich Ihr Leben lang ein Sklave Ihrer eigenen Kühe. Wenn Sie diesen ersten Schritt hinter sich haben, haben Sie schon eine Menge geschafft.

2. Überlegen Sie, welche falschen Vorstellungen sich hinter Ihren Kühen verbergen.

Die Ausreden und Vorwände, über die Sie sich im vorigen Schritt klar geworden sind, sind nicht das eigentliche Problem, sondern nur *Symptome* Ihres Problems. Jetzt müssen Sie sich Ihre Liste einmal genauer anschauen und herauszufinden versuchen, welche falschen Vorstellungen sich hinter diesen Ausreden verbergen.

Fragen Sie sich: Warum steht diese Kuh auf meiner Liste? Wer hat sie dorthin gesetzt? Wann habe ich begonnen, mir diese Vorstellung zu eigen zu machen? Entspricht sie den Tatsachen? Ergibt sie überhaupt einen Sinn, oder stecken dahinter nur irrationale Ängste?

Wie ich schon gesagt habe: Viele Kühe, die wir mit uns herumschleppen, begleiten uns bereits seit unserer Schulzeit. Wir haben sie entweder in den prägenden Jahren unserer Kindheit oder in der Jugend übernommen. Und inzwischen schleppen wir sie schon so lange mit uns herum, dass wir so weit gekommen sind, sie als unumstößliche Tatsachen zu akzeptieren. Egal, ob wir diese Kühe freiwillig übernommen haben oder ob wir sie uns von irgendjemandem aufschwätzen ließen – inzwischen halten wir die Überzeugungen, die dahinterstecken, allen Ernstes für wahr.

Ich erinnere mich noch an Iwan, einen jungen Manager, dem beim ersten Schritt dieses Programms auffiel, dass er die berüchtigte Ausrede »Ich habe einfach keine Zeit«, zu oft gebrauchte. Diesen Vorwand brachte er meistens vor, wenn man ihm vorschlug, irgendetwas Neues zu tun oder in einer wichtigen Angelegenheit die Initiative zu ergreifen. Als er diese Ausrede genauer unter die Lupe nahm, wurde ihm klar, dass sich dahinter eigentlich ein viel größeres Problem verbarg. Sie war lediglich ein bequemes Alibi, hinter dem Iwan sich verschanzte, wenn er sich mit irgendwelchen neuen Projekten auseinandersetzen sollte. Frühere Erfahrungen hatten diesem jungen Mann die vollkommen unbegründete Angst eingejagt, dass er nicht in der Lage sei, große Projekte zu managen oder erfolgreich zu Ende zu führen. Kleine Projekte machten ihm nichts aus, doch vor großen hatte er panische Angst. In diesem Fall war der Zeitmangel eigentlich gar nicht die eigentliche Kuh. Iwans wahres Problem war die Versagensangst und das mangelnde Vertrauen in seine eigenen Fähigkeiten.

Der junge Manager befolgte alle Schritte, die ich in diesem Buch beschreibe, und es gelang ihm tatsächlich, sich von seiner destruktiven inneren Einstellung zu befreien, die aus einigen früheren Misserfolgen und Rückschlägen entstanden war. Wenn wir nicht aufpassen, wird unsere Vergangenheit nur allzu leicht zum Stolperstein, der uns daran hindert, im Leben vorwärtszukommen.

Verbirgt sich hinter Ihren Ausreden vielleicht auch ein ernsthafteres Problem? Wenn jemand beispielsweise ständig zu spät kommt, liegt das nicht unbedingt am Verkehr oder am schlechten Wetter, sondern vielleicht daran, dass dieser Mensch sich zu viel vornimmt. Und das kann wiederum darauf zurückzuführen sein, dass er sich nicht genau über seine Ziele im Klaren ist. Denn wenn wir kein klares Ziel verfolgen, können wir uns auch nicht gut konzentrieren. Dann lassen wir uns sehr leicht ablenken, laufen mal in die eine und dann wieder in die andere Richtung, übernehmen zu viele Verpflichtungen und kommen womöglich deshalb immer zu spät. Wenn Sie dieses Problem haben, liegt die Lösung also vielleicht nicht darin, zehn Minuten früher loszugehen, um rechtzeitig zu Ihren Verabredungen zu kommen. Stattdessen sollten Sie sich lieber Zeit nehmen, sich über Ihre persönlichen Ziele klar zu werden und die richtigen Prioritäten zu setzen.

Deshalb ist es so wichtig, der Sache auf den Grund zu gehen und genau nachzuforschen, welche Probleme in Wirklichkeit hinter Ihren Kühen stecken. Und wenn Sie feststellen, dass eine bestimmte Ausrede, Rechtfertigung oder Verallgemeinerung, hinter der Sie sich häufig verschanzen, eigentlich nicht Ihrer wahren Realität entspricht, müssen Sie diese Kuh sofort aus Ihrem Wortschatz streichen. Dieser zweite Schritt wird Ihnen helfen, mit einem Schlag mindestens 50 Prozent der Ausreden loszuwerden, die Sie in ihrem Gehirn gespeichert haben!

3. Denken Sie daran: Sie zahlen für jede Kuh einen hohen Preis.

Oft halten wir an falschen Vorstellungen fest oder gebrauchen Ausreden, weil uns gar nicht bewusst ist, wie sehr wir uns und unserem Leben damit schaden.

Natürlich ist eine Ausrede kein Verbrechen. Niemand wird Sie dafür bestrafen. Die Strafe erwächst vielmehr aus den Ausreden selbst. Und diese Strafe besteht in einem mittelmäßigen Leben.

Ich will Ihnen das an einem Beispiel veranschaulichen. Kennen Sie den Lieblingsspruch aller Menschen, die immer noch nicht akzeptiert haben, dass sie selbst für ihren finanziellen Erfolg verantwortlich sind? »Kein Wunder, dass ich immer pleite bin. Man muss nun einmal Geld investieren, um Geld zu verdienen, und da ich kein Geld habe, werde ich es wohl auch nie zu etwas bringen. Wozu also soll ich mich überhaupt anstrengen?«

Niemand wird Sie wegen dieser Überzeugung ins Gefängnis stecken. Das ist auch gar nicht notwendig, denn mit dem Besitz dieser Kuh haben Sie sich bereits selbst zu einer lebenslangen Gefängnisstrafe verurteilt – und dieses Gefängnis heißt »Mittelmaß«.

Im dritten Schritt, den ich hier beschreibe, sollen Sie die negativen Auswirkungen auflisten, die Ihre Ausreden auf Ihr Leben haben. Denn oft sind uns unsere Entschuldigungen und sogenannten »schlechten Angewohnheiten« zwar durchaus bewusst, aber wir sind nicht überzeugt davon, dass sie uns sonderlich schaden, und deshalb tun wir auch nichts dagegen. Denken Sie daran: Mit jedem Vorwand, in den Sie sich flüchten, erlegen Sie Ihrem Leben Beschränkungen auf – unabhängig davon, wie sehr er Ihnen schadet.

Deshalb sollten Sie jetzt neben jede Kuh, die Sie in den ersten zwei Schritten meines Programms entdeckt haben, schreiben, wie viel dieses Tier Sie kostet. Denn über eines müssen Sie sich im Klaren sein: Sie bezahlen für jede Kuh einen Preis. Vielleicht würden Sie diese Tatsache gern ignorieren oder den Preis niedriger einschätzen, als er in Wirklichkeit ist. Die Konsequenzen Ihrer faulen Ausreden werden Sie aber in jedem Fall teuer zu stehen kommen – und zwar in Form ungenutzter Chancen.

Als Ed klein war, hatte sein Vater nie viel Zeit für ihn. Er war immer viel zu beschäftigt. Seine beruflichen Verpflichtungen und Geschäftsreisen hielten ihn fast ständig von zu Hause fern. Mit der Zeit lernte Ed, sich damit abzufinden. Doch was er nicht akzeptieren konnte, war, dass sein Vater sich ihm gegenüber selbst dann distanziert verhielt, wenn er doch einmal zu Hause war, und dass die beiden kaum echten Kontakt zueinander hatten. Der Vater hatte nie Zeit, ihm bei den Hausaufgaben zu helfen, sich mit ihm zu unterhalten oder wenigstens vor dem Schlafengehen ein bisschen mit ihm herumzualbern.

Die Arbeit fraß diesen Mann auf und er kam nie auf die Idee, die Gründe, die er dafür angab, als Ausreden zu enttarnen. Seine Erklärungen hörten sich ungefähr folgendermaßen an: »Ich habe eben einfach zu viel zu tun«, »Mein Beruf ist leider sehr anstrengend«, »Ich habe keine Zeit«, »Ich wünschte, ich könnte …« Sein Lieblingsausspruch lautete: »Eigentlich müsste mein Tag 25 Stunden haben.«

Inzwischen versuchen Ed, der inzwischen verheiratet ist und selber Kinder hat, und sein mittlerweile 72-jähriger Vater endlich die Vater-Sohn-Beziehung zueinander aufzubauen, die sie noch nie hatten. Die beiden haben keine gemeinsamen Erinnerungen, weil sie nie etwas zusammen unternommen haben. Eds Vater hat seinem Sohn nie bei den Hausaufgaben geholfen, er war nie bei seinen Abschlussfeiern oder Baseballspielen in der Schule dabei, hat nie an schweren Tagen mit ihm gebangt oder glückliche Tage mit ihm gefeiert. All das ist jetzt vorbei, und er hat keinen Anteil daran gehabt. Inzwischen hat Ed seinerseits das Gefühl, dass sein Sohn sich ihm gegenüber ziemlich distanziert verhält, und bemüht sich, ihm endlich näherzukommen.

Es spielt gar keine Rolle, ob die Chancen, die *Sie* in Ihrem Leben versäumt haben, beruflicher, gesundheitlicher oder finanzieller Art waren. Normalerweise hat jede Kuh einen zu hohen Preis.

Also bringen Sie nun bitte einmal zu Papier, welche Chancen Ihnen durch Ihre Ausreden und Rechtfertigungen bisher entgangen sind. Welche Misserfolge in Ihrem Leben haben Sie der Tatsache zuzuschreiben, dass Sie sich hinter diesen Vorwänden verschanzt haben? Beschreiben Sie alle irrationalen Ängste, die Sie zum Leben erweckt haben, sodass sie im Laufe der Jahre in Ihren Gedanken und Gefühlen wachsen und gedeihen konnten.

Wenn Sie diesen Schritt auslassen, werden Sie vielleicht gar kein so dringendes Bedürfnis danach verspüren, auch wirklich alle Kühe aus Ihrem Leben auszumerzen. Denken Sie daran: Schmerz und Freude sind zwei wichtige treibende Kräfte in unserem Leben. Menschen lassen sich in ihren Entscheidungen und ihrem Verhalten teils von ihren Wünschen, teils von ihren Ängsten leiten. Wir jagen stets den Dingen nach, die uns Freude bereiten, und versuchen das, was uns Schmerzen verursacht, um jeden Preis zu vermeiden.

Übergewichtige Menschen essen nicht deshalb zu viel, weil sie gerne dick sein möchten. Sie tun das zum Teil deshalb, weil sie das Gefühl haben, dass dieses Verhalten ihnen hilft, bestimmte Situationen besser zu bewältigen. Sie haben sich darauf programmiert, ihre Sucht nach Essen als Beruhigungsmechanismus zu akzeptieren, der ihre Nervosität und ihre Ängste lindert. Und sie halten immer weiter an diesem Fehlverhalten fest, obwohl sie wissen, dass das eines Tages ernste Konsequenzen für sie haben wird. Um es zu rechtfertigen, holen sie sich Unterstützung bei einer ganzen Herde von Kühen: »Meine Eltern waren auch ziemlich gut beieinander«, »Ich bin gar nicht zu dick, ich habe nur schwere Knochen«, »Übergewicht liegt bei uns in der Familie.« Oder sie verschanzen sich hinter der beliebtesten Kuh: »Es ist nicht meine Schuld, ich kann einfach nichts dagegen tun!«

Viele Leute ändern ihr Fehlverhalten erst dann, wenn sie der Tatsache ins Auge sehen müssen, dass es wirklich nachteilige Konsequenzen für ihre Gesundheit, ihre Beziehungen, ihr Glück und ihr Selbstwertgefühl mit sich bringt. Sie können alle möglichen Diäten ausprobieren – an Ihrem Gewicht wird sich erst dann etwas ändern, wenn Sie sich über die Konsequenzen Ihrer Entscheidungen klar werden und die schmerzhafte Tatsache akzeptieren, dass Sie sich das Leben, das Sie führen, selbst zuzuschreiben haben.

Sobald Sie aufgeschrieben haben, welche Chancen Ihnen durch Ihre Kühe entgangen sind, lesen Sie diese Liste bitte noch einmal genau durch. Und dann noch einmal. Halten Sie sich vor Augen, wie sehr es Ihnen geschadet hat, diese Kuhherde zu hegen und zu pflegen. Machen Sie sich klar, dass Sie ganz allein dafür verantwortlich sind. Denn Sie haben sich dieses Leben, in dem Ihnen das Mittelmaß als tragbare Alternative erscheint, selbst ausgesucht. Sehen Sie dieser Erkenntnis ins Auge. Spüren Sie das bedrückende Gefühl in der Magengrube und machen Sie sich bewusst, dass Sie Ihre Kühe zwar verkleiden oder ignorieren können, solange Sie wollen, aber wenn Sie sich nicht ein für alle Mal von ihnen verabschieden, werden sie Sie Ihr Leben lang begleiten.

Seien Sie konsequent und sehen Sie den Tatsachen ins Auge. Denn Sie werden nur dann das Bedürfnis haben, sich von Ihren falschen Überzeugungen zu befreien, die Ihren Horizont einengen, wenn Ihre versäumten Chancen

Sie auch wirklich schmerzen oder Ihnen das Gefühl eines unwiederbringlichen Verlustes geben.

Hören Sie endlich auf, darüber zu reden, mit was für Problemen Sie zu kämpfen haben. Lassen Sie diese Probleme lieber ein für alle Mal hinter sich. Nehmen Sie sich vor, jetzt endlich das Leben zu führen, für das Sie schon immer bestimmt waren. Gute Absichten und Wunschdenken führen Sie nur noch tiefer in ein mittelmäßiges Leben hinein. Ihnen bleibt also nichts anderes übrig, als eine Entscheidung zu treffen und sie dann auch konsequent durchzuziehen.

4. Stellen Sie eine Liste der positiven Resultate auf, die Sie erreichen werden, wenn Sie sich endlich von Ihren Kühen befreien.

Entsprechend der »Schmerz/Freude«-Theorie, die ich Ihnen im vorigen Schritt erläutert habe, sollten Sie sich nun eine Minute Zeit nehmen und sich ein Leben vorstellen, in dem das Gewicht Ihrer Kühe Sie nicht mehr belastet. Schreiben Sie auf, welche neuen Chancen sich vor Ihnen auftun könnten, wenn Sie endlich Ihr wahres Potenzial entdecken und entfalten. Was für neue Fähigkeiten können Sie sich dann aneignen? Auf welche neuen Abenteuer können Sie sich einlassen, wenn Sie nicht mehr an einengende Vorstellungen gefesselt sind? Welche neuen Träume können Sie verfolgen, wenn Sie die Begrenzungen eines mittelmäßigen Lebens überwunden haben?

Halten Sie diese neuen Chancen und Möglichkeiten schriftlich fest, und zwar in allen Details – Sie werden diese Beschreibungen hinterher brauchen. Denn es ist zwar einfach, aber nicht immer leicht, unsere Kühe aus unserem Leben zu verbannen. Durch diesen inneren Befreiungsprozess habe ich überhaupt erst gelernt, dass »einfach« und »leicht« nicht unbedingt immer dasselbe ist! Sich von Ihren Kühen zu befreien, erfordert Disziplin, Konsequenz und Entschlossenheit. Manchmal wird dieser mühevolle Weg Sie vielleicht frustrieren. Und es kann sogar passieren, dass Sie irgendwann wieder in eine Ihrer schlechten Angewohnheiten zurückfallen. Dann werden Sie viel Kraft brauchen, um sich aufzurappeln und wieder von vorne anzufangen.

Eine Freundin von mir versuchte aufzulisten, welche positiven Konsequenzen es haben würde, wenn es ihr endlich gelänge, ihre *Ich habe keine Zeit, Sport zu treiben*-Kuh zu schlachten. Sie hatte fast 40 Pfund Übergewicht, und obwohl ihr klar war, dass sie unbedingt etwas dagegen tun musste, fehlte ihr einfach die Motivation dazu.

Folgende Punkte hat sie auf ihre Liste gesetzt:

- Ich werde mehr Energie und körperliche Ausdauer haben.
- Ich werde fantastisch aussehen und mehr Selbstvertrauen bekommen.
- Ich werde nicht mehr ständig müde und außer Atem sein.
- Ich werde gesünder sein und länger leben.
- Ich werde bei meiner Arbeit kreativer und konzentrierter sein.

Insgesamt kam meine Freundin auf über ein Dutzend Gründe, warum es für sie sinnvoll war, sich regelmäßig Zeit für das Training im Fitnessstudio zu nehmen. Viele dieser Gründe motivieren sie inzwischen dazu, diesen guten Vorsatz in ihrem täglichen Leben auch tatsächlich in die Praxis umzusetzen.

Diese Liste wird Sie in Zeiten, in denen Sie am liebsten das Handtuch werfen würden, inspirieren und bei der Stange halten. Lesen Sie sie immer dann durch, wenn Sie sich wieder einmal vor Augen halten möchten, welche Belohnungen Sie für das Schlachten Ihrer Kühe erwarten. Tragen Sie sie immer bei sich und lassen Sie sich von den Punkten auf Ihrer Liste motivieren und ermutigen.

5. Gewöhnen Sie sich neue Verhaltensmuster an.

Ich liebe Gartenarbeit. Dabei kann ich mich am besten entspannen und neue Energie auftanken. Vor allem, wenn ich von einer Geschäftsreise, einem Seminar oder einer Lesereise zurückkomme.

Vor einiger Zeit habe ich bei meiner Hobbygärtnerei eine Erfahrung gemacht, mit der ich meinen Lesern und Seminarteilnehmern gerne veranschauliche, wie wichtig es ist, neue Verhaltensmuster zu entwickeln. In dem Garten hinter unserem Haus lag ein großer alter Blumentopf herum, in dem sich mit der Zeit immer mehr Unkraut ansammelte. Meine Frau hatte mich schon lange gebeten, diesen Topf entweder wegzuwerfen oder irgendeinem sinnvollen Zweck zuzuführen. Da ich den Topf unbedingt retten wollte, nahm ich mir vor, einen schönen Rosenstrauch hineinzupflanzen. Ich zupfte das ganze Unkraut heraus, lockerte die Erde in dem Topf und düngte sie. So etwas schafft man nicht an einem einzigen Tag – ich zumindest nicht –, und deshalb musste ich erst einmal auf eine mehrtägige Geschäftsreise gehen, ehe ich den Topf mit dem Rosenstrauch bepflanzen konnte.

Als ich ein paar Wochen später die Rose in den Topf setzen wollte, stellte ich fest, dass er schon wieder voller Unkraut war. Kopfschüttelnd fragte ich mich, wie Unkraut nur so schnell wachsen kann. Dann zupfte ich die unerwünschten Eindringlinge wieder heraus und lockerte den Boden erneut, um an diesem Wochenende endlich den Rosenstrauch einpflanzen zu können. Doch dann kam mir wieder eine unerwartete Geschäftsreise dazwischen, und ich musste mein Vorhaben noch einmal verschieben.

Bei meiner Rückkehr schob das Unkraut schon wieder übermütig seine Köpfe aus der Erde. Da wurde mir klar, dass ich den Strauch noch am selben Tag einpflanzen musste, denn solange der Topf leer war und genügend Erde enthielt, würde immer wieder Unkraut darin wachsen. Und ich konnte nur verhindern, dass sich dieses Unkraut ausbreitete, indem ich etwas anderes in den Topf pflanzte. Selbst dann würde das Unkraut immer noch versuchen, sich einen Weg zu bahnen und meine Rose womöglich sogar zu überwuchern, wenn es genügend Platz dazu hatte. Es ist ganz einfach ein Überlebenskampf, und bei diesem Kampf geht es nicht um Gut oder Böse. Diejenige Pflanze, die am schnellsten wächst, kann die andere überwuchern. So einfach ist das Ganze.

Und genauso ist es auch mit unseren Ausreden. Unser Gehirn enthält genau den gleichen Nährboden wie dieser Topf. Wir können selbst entscheiden, welche Gedanken wir hineinpflanzen möchten – einen Traum oder eine faule Ausrede.

Wenn Sie sich nach den bisher beschriebenen Schritten entschließen sollten, einige Ihrer Ausreden, schlechten Angewohnheiten und selbstzerstörerischen Verhaltensweisen über Bord zu werfen, dann ist das schon ein großer

Fortschritt. Herzlichen Glückwunsch! Aber Vorsicht: Wenn Sie diesen neuen, fruchtbaren Boden nicht sofort mit neuen Ideen, gesunden Einstellungen und positiven Verhaltensweisen bepflanzen, werden die alten Unkräuter garantiert bald wieder aus der Erde sprießen.

Was kann man dagegen tun? Überlegen Sie sich ein neues Verhaltensmuster, mit dem Sie diese Kühe in ihre Schranken verweisen können, sobald sie wieder zu neuem Leben erwachen. Bleiben Sie wachsam und erinnern Sie sich daran, wie diese Kühe einst in Ihr Leben getreten sind. »Man wird zu dem, was man die meiste Zeit denkt«, hat Earl Nightingale einmal geschrieben. Wenn Sie über Ihre Grenzen und Unzulänglichkeiten nachdenken, wird genau das zu Ihrer Realität werden. Also geben Sie negativen Ideen niemals eine Chance, sich im Garten Ihres Unterbewusstseins zu verwurzeln!

Deshalb ist es so wichtig, sich für jede Kuh, die Sie in Ihrem Leben entdeckt haben, mindestens einen Schritt zu überlegen, den Sie unternehmen möchten, um diese Kuh ein für alle Mal aus Ihrem Leben zu verbannen. Notieren Sie sich bitte auch, wie Sie reagieren werden, falls die Kuh wieder auftauchen sollte.

Vielleicht lautet Ihre Kuh folgendermaßen: »Ich kann das nicht, denn ich bin zu alt dafür.« Dann müssen Sie sich in Zukunft jedes Mal, wenn Sie diesen Spruch wieder einmal anbringen wollen oder wenn dieser Gedanke in Ihrem Kopf Gestalt annimmt, sofort unterbrechen. Sagen Sie sich so etwas Ähnliches wie: »Schließlich verfüge ich über jede

Menge Wissen und jahrelange Erfahrung. Also werde ich das schon schnell genug begreifen.«

Wenn Sie sich für all Ihre Kühe so eine Reaktion zurechtlegen, werden Sie bald feststellen, dass Sie Ihre Herde ziemlich stark dezimiert oder im Idealfall sogar völlig ausgerottet haben werden.

Kapitel 9

Schaffen Sie sich eine kuhfreie Zone!

Mir war schon immer klar gewesen, dass ich mich eigentlich mehr bewegen müsste, aber ich fand immer jede Menge Ausreden, um es nicht tun zu müssen. Meine Lieblingsausrede lautete: »Ich habe keine Zeit.« Ich erklärte meinen Mitmenschen ständig, dass mein enger beruflicher Terminplan, meine Abendkurse an der Volkshochschule und meine sozialen Aktivitäten meine Tage von morgens bis abends ausfüllten – auch wenn das in Wirklichkeit natürlich schon ein bisschen übertrieben war. Und ich hatte sogar noch eine ganze Herde glaubwürdiger Kühe in petto: »Ich bin ganz bestimmt nicht faul, aber ich kann mir den Mitgliedsbeitrag für ein Fitnessstudio einfach nicht leisten. Und außerdem bin ich so schlecht in Form, dass ich erst mal zum Arzt gehen und mir von ihm einen Trainingsplan empfehlen lassen müsste. Und da ich keine Zeit habe …« Eines Tages wurde mir dann zum Glück aber doch klar, dass ich mir selbst etwas vormachte. Wenn ich behauptete, keine Zeit für körperliche Aktivitäten zu haben, sagte ich damit im Grunde doch nur, dass meine Gesundheit mir nicht wichtig genug war, um sie auf meine tägliche Erledigungsliste zu setzen. Also beschloss ich, diese Kuh zu schlachten und mir in Zukunft regelmäßig Zeit für Sport zu nehmen. Früher war ich immer müde gewesen. Seit ein paar Monaten gehe ich regelmäßig spazieren, fahre Rad und trainiere drei- bis viermal pro Woche im Fitnessstudio. Seitdem habe ich viel mehr Energie und habe auch schon ein bisschen abgenom-

men. Und was am allerwichtigsten ist: Ich bin zufrieden mit mir – nicht nur, weil ich jetzt regelmäßig etwas für meinen Körper tue, sondern auch, weil ich den Mut dazu hatte, mich von dieser Ausrede zu verabschieden und meinen guten Vorsatz endlich in die Tat umzusetzen.

– Helen Owens, Ontario (Kanada)

Was ist das Endresultat eines Lebens in einer kuhfreien Zone? Wenn wir Galileo Galilei, einen der berühmtesten Naturwissenschaftler aller Zeiten, fragen könnten, würde er wahrscheinlich sagen: ein Leben im Zustand der Wahrheit. Denn wenn Kühe Lügen sind (wie wir in diesem Buch ja immer wieder festgestellt haben), dann lassen wir unser Leben von einer Lüge beherrschen, solange wir unter dem Bann unserer Kühe stehen.

Viele Menschen haben mit Kühen zu kämpfen, die sie von ihren Mitmenschen übernommen haben. Auch Galilei musste bei seiner Suche nach Wissen und Wahrheit gegen die Ignoranz und die Vorurteile seiner Zeitgenossen ankämpfen und wurde bei diesem Kampf erbarmungslos verfolgt und sogar unter Hausarrest gestellt. Während seines Studiums legte er sich mit jedem an – mit seinen Professoren, seinen Mitstudenten, selbst den angesehenen Autoren seiner Lehrbücher –, und am allerwenigsten war er mit Aristoteles, dem damals schon seit fast 2000 Jahren verstorbenen großen griechischen Philosophen, einverstanden.

Und warum? Ganz einfach: In jenen 2000 Jahren hatte sich auf dem Gebiet der Naturwissenschaften kaum etwas verändert, und zwar vor allem deshalb, weil Aristoteles' Vorstellungen von der Natur nach wie vor als unanfechtbar galten. Aristoteles hatte in allem recht, und niemand zweifelte an der Gültigkeit seiner Theorien. Man brauchte nicht mit ihnen zu experimentieren, sie infrage zu stellen oder zu beweisen, da sie unanfechtbar waren. In Galileis Augen war diese stillschweigende Akzeptanz der aristotelischen Theorien nichts anderes als eine große, dicke Kuh.

Um das Jahr 1590 – damals lehrte er gerade Mathematik an der Universität von Pisa – beschloss Galilei, eine der Theorien des altehrwürdigen Philosophen auf die Probe zu stellen. Mit unseren heutigen Worten würde man sagen: Er beschloss, eine heilige Kuh zu schlachten. Galilei überprüfte gern Theorien. Schließlich war das der einzige Weg, um aus einer Theorie eine Wahrheit zu machen. Doch vor allem wollte er seinen Studenten und Kollegen beweisen, dass die Theorien des großen Philosophen nicht unfehlbar waren.

Er wählte dafür eine der bekanntesten aristotelischen Theorien aus. Aristoteles hatte behauptet: Wenn man einen 10 Pfund schweren und einen 1 Pfund schweren Gegenstand zur gleichen Zeit fallen lässt, fällt der 10 Pfund schwere Gegenstand zehnmal schneller herunter als der

1 Pfund schwere. 18 Jahrhunderte lang hatten alle Menschen diese Theorie stillschweigend akzeptiert, ohne sie auch nur ein einziges Mal zu überprüfen. Galilei war anderer Meinung als Aristoteles, und er wollte beweisen, dass der alte Philosoph unrecht hatte.

Also verkündete er seinen Studenten: Zwei feste Körper, die gleichzeitig durch den Raum fallen, erreichen den Erdboden zur selben Zeit, egal, wie viel sie wiegen. Alle, die daran interessiert seien, die Wahrheit zu erfahren, sollten am nächsten Morgen zu seiner Demonstration kommen.

Den Geschichtsschreibern zufolge trotteten seine Studenten am nächsten Tag zusammen mit einigen neugierigen Bürgern Pisas hinter Galilei her zum Turm von Pisa. Er erstieg den Turm mit einer 10 Pfund schweren Kanonenkugel in der einen und einer 1 Pfund schweren Kugel in der anderen Hand. Unter ihm hatte sich eine erwartungsvolle Menschenmenge versammelt.

Wer würde wohl in diesem Wettstreit den Sieg davontragen: der alte griechische Weise oder der 25-jährige Rebell aus Pisa? Ein Raunen ging durch die Menge, und jeder gab seine Meinung dazu ab – eine typische Reaktion, wenn jemand es wagt, eine heilige Kuh zu schlachten: »Er wird es nicht schaffen.«, »Er ist verrückt.«, »Wer kann schon mehr wissen als Aristoteles?«

Als Galilei an den Rand des Turmdachs trat, wich die Menge zurück. Er streckte die Arme aus – in jeder Hand eine Kugel – und ließ die beiden Kugeln fallen. Die beiden

Gewichte flogen in genau der gleichen Geschwindigkeit durch die Luft und prallten gleichzeitig auf dem Boden auf.

Innerhalb von ein paar Sekunden waren 2000 Jahre der Ignoranz durch die Wahrheit ad absurdum geführt worden. Eine neue Ära naturwissenschaftlichen Denkens hatte begonnen.

Was kann alles geschehen, wenn Sie sich endlich entschließen, Ihre eigenen Kühe infrage zu stellen und sich von ihnen zu trennen? Ich fürchte, um das herauszufinden, müssen Sie diesen Lern- und Entwicklungsprozess einfach erst einmal durchmachen, genau wie Galilei es getan hat. Doch eines kann ich Ihnen jetzt schon versprechen: Danach wird Ihr Leben nie wieder so sein wie vorher.

Denn wenn Sie alle Ihre Vorwände und faulen Ausreden über Bord werfen, übernehmen Sie damit die hundertprozentige Verantwortung für Ihren Erfolg. Sie werden zum Schöpfer Ihres eigenen Schicksals. Es reicht nicht aus, einfach nur erfolgreich sein zu wollen, hochfliegende Träume und die besten Vorsätze zu haben. Auf jede großartige Idee, die das Schicksal der Menschheit verändert hat, kommen Tausende von anderen Ideen, die niemals in die Praxis umgesetzt wurden, weil die Leute, die sie sich ausdachten, keine Ahnung hatten, wie sie sie verwirklichen sollten. Vielleicht hatten sie auch einfach noch nie in ihrem Leben eine Idee in die Tat umgesetzt. Dreimal dürfen Sie raten, wie die Kuh dieser Leute hieß! *Untätigkeit.*

Der erste Schritt zur Überwindung von Selbstzufriedenheit und Mittelmaß besteht darin, dass wir uns von sämtlichen Ausreden verabschieden, die uns daran hindern, sofort etwas zu tun – und zwar mit aller Entschlossenheit. Der Schriftsteller John Mason hat einmal gesagt: »Alle Menschen sind in ständiger Bewegung. Sie bewegen sich vorwärts, rückwärts oder im Kreis herum, wie der Hamster im Rad. Die meisten Leute machen den Fehler, zu glauben, dass das Hauptziel im Leben darin besteht, ständig beschäftigt zu sein.«

Und dabei geht es im Leben in Wirklichkeit gar nicht darum, beschäftigt zu sein. Es kommt vielmehr darauf an, dass das, was Sie tun, Sie der Verwirklichung Ihrer Ziele und Träume einen Schritt näher bringt.

Wenn Sie alle im vorigen Kapitel beschriebenen fünf Schritte nachvollzogen haben, dann haben Sie jetzt einen Plan, wie Sie alle falschen Vorstellungen loswerden können, die Sie bisher davon abgehalten haben, Ihr wahres Potenzial zu verwirklichen. Jetzt müssen Sie Ihren Plan nur noch in die Tat umsetzen.

Vergeuden Sie keine Zeit damit, über die Probleme nachzudenken, die Ihnen auf diesem Weg vielleicht begegnen werden. Manche Menschen planen und proben ihre eigenen Misserfolge gewissermaßen schon im Voraus, indem sie immer mit dem Schlimmsten rechnen – und verschwenden dabei wertvolle Zeit. Die größten Siege kann man nur dann erringen, wenn man die Risiken auf sich nimmt, mit denen der Weg zum Erfolg nun einmal gepflastert ist. Der

Mut, die Initiative und die Erkenntnis, dass jeder große Traum sich nur durch sofortiges Handeln verwirklichen lässt – das ist es, was Gewinner von Verlierern unterscheidet.

Sie können im Spiel des Lebens entweder mitspielen oder sich mit einer Zuschauerrolle begnügen. Gewinner sind mehr als bloße Spielteilnehmer, denn sie verfolgen ihre Ziele mit Engagement und Entschlossenheit. Und sie kennen keine Ausreden. Egal, was für eine Kuh Sie mit sich herumschleppen: Es gibt nur eine einzige hundertprozentig sichere Methode, sie loszuwerden – und die besteht darin, die Ärmel hochzukrempeln und etwas zu *tun*.

Lassen Sie das Leben nicht an sich vorbeiziehen. Überwinden Sie Ihre innere Schweinkuh und befreien Sie sich von Ihren Kühen, sonst gehören Sie am Ende zu jenen Leuten, die im Alter mit Kummer und Bedauern auf all die vielen Chancen zurückblicken, die sie verpasst haben.

Ich habe einmal eine Definition der Hölle gehört, die mich so sehr erschreckte, dass ich unbedingt sofort etwas unternehmen musste, um nicht eines Tages selbst zu den Insassen dieser Hölle zu gehören. Diese Definition lautete ungefähr so: Wenn man am Ende seines Lebens dem Menschen ins Gesicht sehen muss, der man hätte werden können – das ist die wahre Hölle. Können Sie sich vorstellen, wie grauenvoll das wäre?

Also stellen Sie sich jedem Abenteuer des Lebens mit neuer Begeisterung. Stellen Sie alle Normen infrage. Brechen Sie ruhig ein paar ungeschriebene Gesetze. Sorgen,

Ängste und Zweifel sind nichts anderes als Kühe, die versuchen, Sie Ihrer Träume zu berauben und Sie an ein mittelmäßiges Leben zu fesseln. Denken Sie immer daran: Nicht der Misserfolg hält Sie vom Erfolg ab, sondern das Mittelmaß.

In meinem Buch *Los Genios No Nacen, Se Hacen* (»Genies werden nicht geboren, sie werden gemacht«) schreibe ich unter anderem über William James, der als Vater der modernen Psychologie in den Vereinigten Staaten gilt. Dieser Mann sagte einmal Folgendes zum Thema »Kühe«: »Die meisten Menschen fühlen sich wie von einer Art Wolke niedergedrückt – unterhalb des höchsten Grades an klarem Urteilsvermögen, verlässlichem logischen Denken oder konsequenter Entschlusskraft.«

Gemessen an dem, was wir alles erreichen könnten, ist es fast so, als seien wir nur halb bei Bewusstsein, meint James. Wir sind unbestreitbar in der Lage, außergewöhnliche Dinge zu erreichen, und doch kommt bei unseren Bemühungen am Ende meist nur etwas Enttäuschendes heraus. Das liegt nicht etwa an unseren mangelnden Fähigkeiten, sondern einfach nur daran, dass wir unsere wahren Möglichkeiten durch selbst auferlegte Grenzen, falsche Vorstellungen und unzählige andere Kühe untergraben lassen.

Also nehmen Sie die Herausforderung an! Führen Sie ein »kuhfreies« Leben. Leben Sie so, dass sich alle Ihre Träume verwirklichen lassen, und akzeptieren Sie keine Grenzen, wenn es darum geht, Ihre Ziele zu erreichen.

Stellen Sie sich nicht neben Ihren Kühen auf die Weide, sondern gestatten Sie sich große Träume und werden Sie erfolgreich!

Stimmen zum Buch

Mit den Botschaften seiner Bücher wird Dr. Cruz enormen Einfluss auf die Welt ausüben. Er ist einer der ganz großen Managementtrainer und Referenten und wird mit Sicherheit eine Menge bewirken. Seine Weisheit und seine genialen Ideen und Erkenntnisse lassen sich sofort in die Praxis umsetzen.

– Mark Victor Hansen, Mitschöpfer der Serie *Hühnersuppe für die Seele*

Dr. Camilo Cruz' Werk wird garantiert großen Einfluss auf die kommenden Generationen haben. Sein enthusiastischer Grundton ist die beste Ermutigung, um zu lernen, wie man erfolgreich wird. Cruz besitzt die Gabe, Menschen dazu zu motivieren, ihre Ziele zu erreichen. Damit wird er einen positiven Einfluss auf die führenden Köpfe der Zukunft ausüben.

– Edward James Olmos, Schauspieler & Mitbegründer der Latino Book & Family Festivals

Gerade dieser hervorragende Ratgeber hat Amerika noch gefehlt – also hat Camilo Cruz ihn geschrieben.

– Johnnie Walker Keep Walking Fund, Zeitschrift *Men's Journal*

Mit seinen Büchern und Visionen hat Dr. Camilo Cruz das Leben vieler Menschen verändert. Er macht uns Mut und zeigt uns den Weg zu einem besseren Leben.
– *La Opinion* (Zeitung in Los Angeles)

Ihr Buch hat tief greifende Auswirkungen auf mein Leben gehabt. Es hat mich dazu ermutigt, ein Unternehmen zu gründen, das mittlerweile Niederlassungen in mehreren verschiedenen Ländern hat. Danke, dass Sie sich die Zeit genommen haben, Bücher zu schreiben, die Tausende von Menschen zu Höchstleistungen anspornen!
– Wenceslao Casares, Begründer von Patagon.com

Danke für Ihren Vortrag in unserer Bibliothek. Die Zuhörerinnen und Zuhörer waren begeistert von Ihrer Botschaft, und ich bin sicher, dass die meisten den Saal mit neuen Ideen – und Plänen – verlassen haben, wie sie mithilfe dieser Ideen ihre Träume verwirklichen können. Dank Ihren Techniken und Strategien wird es ihnen sicherlich auch gelingen, die Hindernisse zu überwinden, mit denen man dabei unweigerlich zu kämpfen hat, und ihren Zielen einen Schritt näher zu kommen.
– Debbie Llenza, Broward County Library

Ich möchte Ihnen meine Anerkennung aussprechen. Genau wie Sie bin auch ich der Meinung, dass wir unserer Jugend die positiven Einstellungen vermitteln müssen, mit

deren Hilfe sie ihr zukünftiges Leben selbst gestalten und die hundertprozentige Verantwortung für ihren Erfolg übernehmen kann. Ihre Philosophie, dass jeder Mensch seines eigenen Glückes Schmied ist, sollte man eigentlich jedem Studenten ins Gebetbuch schreiben, und sie ist bei den Zuhörern auch sehr gut angekommen.
– **Bert Foti, Rotary Club**

Mit diesem Buch erinnert Dr. Cruz uns daran, dass wir unsere Hindernisse überwinden und als alleinige Herren über unser Leben und unser Schicksal tatsächlich etwas bewirken können. Ich empfehle, Dr. Cruz' ermutigende Botschaften als Ausbildungsinstrument für unsere Teams zu nutzen, damit sie lernen, ihre inneren Barrieren zu überwinden und neue Aufgaben zu übernehmen.
– **Dino Nasi, Federal Express**

Ihr Vortrag über *Die innere Schweinekuh* hat so viele Mitarbeiter unserer breit gefächerten Belegschaft angesprochen. Wir hören heute noch begeisterte Kommentare über den Abend und Ihre Botschaften. Unsere Manager werden einige Ihrer Ideen zum Thema Erfolg in ihren Abteilungskonferenzen aufgreifen. Wir sind Ihnen sehr dankbar dafür, dass Sie sich Zeit für uns genommen und uns mit Ihrem Talent beflügelt haben!
– **Carla Fountain, Orange County Library**

Weitere Titel bei

ARISTON